吕梁非物质文化遗产保护传承研究

刘玉秀◎著

山西出版传媒集团

山西人民出版社

图书在版编目（ＣＩＰ）数据

吕梁非物质文化遗产保护传承研究 / 刘玉秀著 .
太原：山西人民出版社，2025. 3.

-- ISBN 978-7-203-13788-7

Ⅰ . G127.253

中国国家版本馆 CIP 数据核字第 2025EE4129 号

吕梁非物质文化遗产保护传承研究

著　　者	：刘玉秀
责任编辑	：刘小玲
复　　审	：吕绘元
终　　审	：梁晋华
装帧设计	：史艳红

出 版 者	：山西出版传媒集团·山西人民出版社
地　　址	：太原市建设南路 21 号
邮　　编	：030012
发行营销	：0351-4922220　4955996　4956039　4922127（传真）
天猫官网	：https://sxrmcbs.tmall.com　电话：0351-4922159
E—mail	：sxskcb@163.com　发行部
	sxskcb@126.com　总编室
网　　址	：www.sxskcb.com

经 销 者	：山西出版传媒集团·山西人民出版社
承 印 厂	：山西雅美德印刷科技有限公司

开　　本	：787mm×1092mm　　1/16
印　　张	：14
字　　数	：260 千字
版　　次	：2025 年 3 月　第 1 版
印　　次	：2025 年 3 月　第 1 次印刷
书　　号	：ISBN 978-7-203-13788-7
定　　价	：98.00 元

非遗挖掘、保护、学术研究（代序）

刘守文

刘玉秀老师发扬勤奋精神，近期完成一本《吕梁非物质文化遗产保护传承研究》的书稿，书稿对吕梁本土非物质文化遗产做了较为系统的基础研究。在相关研究成果尚少，能够看到这一有益的努力，应该祝贺。

如何研究文化遗产，是我十多年来一直关注并理解的问题。自 20 世纪 70 年代联合国教科文组织世界遗产委员会《保护世界文化和自然遗产公约》（1972）颁布以来（2002 年再颁布《保护非物质文化遗产公约》），对文化遗产的关切就成为世界各国面对既往文化—历史的重要事件和文化态度。两个《公约》几乎重新定义了传统以来的文化政治和传统学科体系的禀赋、性质和框架，影响着全球化意义之下的文化政治和世界学术的进程，引导了"文化遗产学"的可能形成。中国呼应两个《公约》，1985 年加入公约后，先后发布修订版《中华人民共和国文物保护法》（1991），《关于加强和改善世界遗产保护管理工作的意见》（2002），《中华人民共和国非物质文化遗产法》（2011），切实强化了国家对文化遗产保护和研究的重视。但从整体看，作为极其重要的文化理解框架，两个《公约》体现出来的"文化遗产学"特征，视野宏阔，牵涉区域广，对象化范围大，问题多，保护、传承、重现的意义重大。

那么，面对体量庞大、源流复杂、内涵繁复、价值深刻的文化遗产，如何建构"文化遗产学"思维，并获得文化本源性、本体性和价值论的深入理解，形成自上而下的联动机制，就成为重要的体制机制考量。对此，从学术角度观察，应该可以做如下理解。

其一，尊重两个《公约》和我国相关文献对文化遗产的理解及其分类把握，把文化遗产重点保护工程和系统实施有序统合，并使之在国家文化保护战略和具体安排中发挥重要作用。也即，对文化遗产的发现、挖掘、保护、传承，再造、创新、研究、应用，需要从世界文化遗产的学术认知高度及其应有的宽展度去探赜其间的文化意谓和意义。文化的形成，总是经过人类世代累积、沉淀、重复、再生而后才有的，本身具有整体性、多层次、多方位、多向度的"地层"—区域—历史及其流动性等特征。不论文化遗产的现实形态、类型如何，或者历史周期还是地域空间的长短大小如何，只要具有人类生活世界的浸润，都会有大量鲜活的人类世界的痕迹印记在各自的文化形态之中，并且，它们总是以集成的方式，绵延反复地存续于当下时代的文化生态、后世的遗存或痕迹当中，形成具有自我解释效能的文化特性。面对如此庞杂的文化形态，自然需要做出具有价值标准的判断和分析。两个《公约》汲取既往文化学术积累和研究的优长，对文化遗产的基本内涵做了更明确的认定，并做出自然遗产、物质文化遗产和非物质文化遗产基本划分。前两者主要指历史文物、历史建筑（群）和人类文化遗址等具有突出、普遍价值的遗产，包括由物质和生物结构或这类结构群组成的自然面貌，如地质和自然地理结构、动物和植物生存区域等自然遗产；后者则主要指被各社区、群体（有时是个人）视为其文化遗产组成部分的各种社会实践、观念表述、表现形式、知识、技能以及相关的工具、实物、手工艺品和文化场所等等。对如此庞大复杂的遗产类型进行认定和研究，是一项异常复杂的文化行为，由此，《公约》的意义，不仅在于更大限度地确认了文化遗产的范围，更在于特别强调和确立了"从历史、艺术或科学角度"以及"从美学、人种学或人类学角度"看待文化遗产的基本视角（事实上也是传统学科学术的基本内涵），这既是对世界文化遗产包含的文化和文化性所做的定义和范围规定，也同时解释了有形文化和无形文化之间的客观实际、基本品质和特征，从而为世界各地文化遗产的保护和研究，提供了文化形态对象化理解的新的类型、问题视角与方法论框架。也即，只有充分把握历史、艺术、科学和美学、人种学或人类学等角度或学科的传统性，才能深刻理解文化保护及其行为的意涵，进而更有效地讨论遗产的内部构成、普遍价值及其现实和未来意义，理应得到充分深入的理解和尊重。

其二，文化遗产研究，应采取自然遗产、物质文化遗产与非物质文化遗产研究多向并举和互为参照的态度和办法，完成类型化和对象化问题模态的建构。须知，文化遗产现象本身的存在和表现，就是三大类型相互依存地存在着的融合互动、互为构成的关系，可以说，缺乏三大类型中任一现象的贯注，都不会有文化的完整内涵。由而十分需要知己知彼地参与、融入、感悟，而后才能深入具体对象内部，看取包括自然遗产在内的各类遗产的复杂现象之间相生相在的关系。如自然遗产虽然主要表现为地理生态学条件，但却根本地奠定了地方性/地理性物质遗产的禀赋，并在非物质遗产的不断绵延的生息中贯注着人类具身的精神意志的性情和品质。散布于现象之间的文化气息并不因为对象化行为的不同，而有实质的不同，更何况三类遗产原本就是文化存在样式的基本转换形态，即使自然遗产也因为负载有两大文化精神的基础禀赋而成为它们之间的互文意谓。由此，遗产研究的对象可以各异，而思维往往还应予互文，或者话语共建。也就是在各自的领域，对文化类型间的互文性或背景性、知识性等也理应得到更为充分的强调。事实上，包括矿产资源（吕梁多有）的开发利用，它本身也会产生或形成新的文化遗产形态而进入文化遗产的空间或范围。换言之，对文化遗产的历史关切，是文化新视野的真正拓展，是对既往传统存在的范畴中心化、问题分类和筛选的狭窄化乃至有意无意地遗漏或视而不见而造成文化现象的历史性遗忘的有力纠偏。

其三，重构学科、史料、理论理解的视角和框架，满足挖掘、保护、传承、研究、社会传播等应用需要。文化是人类生存史的自然结果，也是学术化建构的后果。有关文化遗产的研究，至少在现代数百年以来，许多方面已经成为重要的学科类型，并散见于历史、政治、地理、经济、文学艺术乃至日常生活研究等诸多学科及其对象的方方面面。所不同的是，两个《公约》的遗产保护意义，在于从既往学科学术类型之外，重新面对文化历史遗产的积累、保存及其功能再生而打开一个新的视野或观照窗口，把文化积累、研究和利用的目的，更直接地指向了学术—学科—视野—行动的新格局，促使政治—学术—历史判断的眼光从既往的宏大、经典、典型化的学术观念和体制回到具有更广阔普遍的文化生态当中，从最实际的"保护"应用和共生角度，关注人类最本真的生活和存在样态，看取鲜活生动的人类日常生活和遗存的意谓，并建立共时态化的文化理解品格。这种"逼迫"于国家行政责任、社会资本参与、学术研究跟进、民间实践繁荣，进而形成一系列社会化的联动—联接的文化整合的"保存"方式，无疑是文化生态化发展进程的重要方式，也是对保护＋研究＋重现（传承）的立体构成的基本模式重构，能够更有效地促进人类文化具身性的绵延可能，并对如何激活整个文化结构的动力，以衍化历史为当下，实现历史与现实共时化并置的目的，对推进时代世界中人类自我存在的品质再造行动也有着更为切实和根本的意义。由此，《公约》或遗产学研究应深入汲取既往学科学术的思想、理论和方法，特别注重对既往文化理解框架的重组和利用，关切传统学科和遗产学关系下的学科间性的会通往来，梳理关系，确立本体，把文化遗产理解的整体性、综合性、个体性、独特性作为思维建构的基本原则，深入学科问题内部，阐发意义。同时，尤其需要深入到保护含义的深层现实中，形成政府、社会、机构、民间的协同，完善文化保护的体制、方式或模式等结构或秩序建设，促进保护行动的学术保障的机制。

其四，强调文化存在特征的系统性整理和分类整理，强调保护行动体系和理论研究体系的形成。研究意味着学理化、理论化，理应把学科思维置于"文化遗产学"的框架之下，充分使用既有学科思想和理论方法，建立视野阔大、理论严谨、方法细致的工作思维，实现从大文化学角度统辖研究对象，揭示遗产文化意义的根本目的。文化遗产之所以分类为上述三大类型，就是大文化理解的方便做法，分类之后，自然会各取所需，各为侧重，各自衍生。但在面向遗产学转向之前，或许因为观念转型、研究方法转化与保护任务繁重，就目前情形而言，文化遗产的保护、传承、研究，多数仍然处在基础性整理阶段，并未实现更为充分的系统性、完整性和整体性的把握。即如中国非物质文化遗产代表性项目，一般分为十大门类，包括民间文学，传统音乐，传统舞蹈，传统戏剧，曲艺，传统体育、游艺与杂技，传统美术，传统技艺，传统医药，民俗等（没有列入方言语文），但各门类的形成都具有悠久历史，内容丰富，对其间各类问题的把握、挖掘、研究、保护，既需要构筑于遗产学的框架之下，联动理解，通盘规划，又需要各自独立完成，并逐步实现"文化遗产博物馆"式的"全须全影儿"的搜罗、分类和"展出"。而其间更为艰巨的，是形成"文化遗产学"研究的学科学术理论体系，并能为保护行动体系和模式提供深刻指导意义的原则、制度和秩序。

其五，更新教育观念和体制，重建学术体制，重组学科体系。文化遗产是国家—民族—地方文化整体进程的后果，关乎世界，关乎未来，尤其需要对当下教育体制、学科课程体系的视野、类型分析、观看方式做出新的考量和改革，至少需要把遗产学作为学科课程建设的重要参考系，而对学科学理判断的功能做出调整。在遗产学观念结构视野之下，传统学科体系及其教育体制安排暴露了不少问题，已然不足以承担现当代世界在文化理念、理论方法和文化战略与文化全球化等方面的重大变化。也即，文化的世界性、民族性、全民性和地方性等不同层次、不同类型的文化表现需要新的世界的眼光予以理解，理应得到更深刻更广泛的强调，并使之对全球伦理下的世界公民、文化公民的精神品格塑造发挥重要作用。由此，借助现代传媒技术和知识全球共享机制的支持，开展更广泛的文化遗产学的普及，对塑造现代世界性和民族性兼容的教育—文化生活，意义十分重要。

以上几点，应当是文化遗产学术化需要解决的基本的观念问题和实践问题，是文化遗产研究者和本土保护工作者需要努力的方向。从世界到国家和地方，文化遗产保护、研究和应用，都是一个综合性、体制性、学术性极强的事情，同时也是需要尽可能完善政府、社会、民间协同参与机制的问题。换言之，面对文化遗产的全部内涵，如果还能够把日常生活化的文化生态的历史、审美特质纳入在内，理想意义上，对所谓"文化遗产学"的对象化展开，将会是更深入的文化政治的理解、学术观察和行动把握。世界—国家—区域—地点的文化形态，总是由不同的文化积淀而后绵延着生生不息的物质世界、精神表征及其丰富的变迁、转化生成的多样形式，其间流淌着的，正是贯穿于整个人类历史的文化精神的脉动，赓续着的也并不只是文化之后的遗存，更在于遗产本身体现着的对人类存在本身的尊重，对人类文明的历史、未来的深沉期许和希望。文化遗产并不必然有地域大小、层次高低之分，在价值判断上，同样本质地具有延续文化命脉、健康文化生态的同等使命。

作为特定地方的文化，对吕梁文化遗产的理解和研究，同样需要更进一步地深入；尽管目前所做的整理、解读，仍处在最基础的资料性搜集整理阶段。刘玉秀老师的书，总体上较全面地搜集了吕梁非物质文化遗产的基础资料，较好地形成了必要的理解和研究框架。书稿罗列了吕梁各县市较为典型的非物质遗产基本项目，对民间艺术、手工艺、地方民俗等多种样态的基本情况做了简要介绍，初步探讨了遗产保护需要采取的对策和基本路径，并提出了切合实际状况的一些理论理解，基本实现了对传承性记录、创新性重现的区分，并且对保护行动在政策性、策略性方面的事项做了大致分析，应当说，对促进地方非遗文化进行保护性研究、促进实施更经济更现代性的保护措施，能够起到一定的引导作用。当然，面向悠久历史和传统，还需要做更深入更细致更丰满的研究，以揭示吕梁文化特有和普遍的精神脉动。事实上，作为中华文化的一部分，吕梁文化遗产同样丰厚凝重。从商周时期的青铜文化，春秋晚期的子夏传经，到汉唐时期道儒播迁、汉夷融合，吕梁文化已然积淀形成了历史和时代特质鲜明的质朴豪迈、浑厚博大的人文传统、地方文化性格，并时刻表征在当下时代生活的精神氛围当中。需要特别强调的是，在抗日战争和解放战争时期，吕梁人民在中国共产党领导下，扎根本土，经历了艰苦卓绝的革命斗争洗礼，更为本土浸染了深刻的红色文化基因，铸就了"对党忠诚，无私奉献，勇于斗争"的吕梁精神。这些丰富多样的文化遗产，都是需要从文化遗产大类到更为细腻的现象等多方面给予多方位、多层次地予以挖掘整理和深入讨论，并给予深刻揭示、解释和珍视的。

2024 年 12 月 8 日

自　序

　　山西，东有太行山，西有吕梁山，更有汾河、海河两大水系贯穿其间。"左手一指是太行，右手一指是吕梁。"郭兰英演唱的这首歌，生动地展现出了三晋表里山河的险要与壮丽。其中，吕梁这片被黄河水滋养、吕梁山环抱的土地，孕育了丰富多彩的非物质文化遗产，闪耀着中华优秀传统文化的光辉。

　　吕梁非物质文化遗产的丰富性、多样性和独特性，在全国乃至全球都享有盛誉。从古老的神话故事、民间传说，到独具特色的传统手工技艺、表演艺术，再到丰富多样的民俗活动、节庆礼仪，吕梁的非物质文化遗产资源涵盖了人类口头传统和表现形式，表演艺术、社会实践、仪式和节庆活动，有关自然界和宇宙的知识和实践，传统手工技艺等多个领域，涵盖了非遗的所有类别，每一类都蕴含着丰富的文化内涵和独特的艺术魅力。如孝义皮影、中阳剪纸、汾阳地秧歌、临县伞头秧歌、吕梁民歌等，这些非遗项目不仅展现了吕梁人民的智慧和创造力，还是吕梁文化的重要标识。

　　然而，不可否认的是，吕梁非遗也面临着前所未有的困境和挑战。一方面，传统的生活方式和价值观念逐渐改变，许多非遗项目失去了原有的生存土壤；另一方面，年轻人的文化选择更加多元，对传统文化的兴趣和关注度逐渐减弱，非遗传承面临后继乏人的困境。此外，非遗保护的资金投入不足、保护机制不完善等问题也制约了非遗保护工作的深入开展。因此，对吕梁非物质文化遗产的保护传承进行深入研究，具有十分重要的现实意义和深远的历史意义。面对这些问题，每一个热爱非遗文化的吕梁人都感受到一种压力和责任，我们必须行动起来，为吕梁非遗做点什么，这是促成我们进行本课题研究的一个重要动因。

　　在接受课题任务之后，我首先进行了广泛的资料收集工作，包括查阅相关历史文献、地方志、非遗档案等。通过田野调查，走访非遗传承人，观察非遗制作过程，参观非遗展览，与当地文化部门、非遗保护机构深入交流等实地考察与调研的方式，了解非遗保护工作的最新进展和成果，获取了第一手资料，为研究的深入进行提供了坚实基础。在收集到大量资料的基础上，我进行了系统的数据分析与归纳工作，对非遗项目的分类、数量、分布、传承方式等方面进行统计与分析，试图揭示吕梁非物质文化遗产的丰富性、多样性和独特性。同时，我还对非遗保护传承的成效、问题以及影响因素进行深入探讨，为提出有针对性地保护吕梁非物质文化遗产的相关传承策略提供有力支撑。

在本书的撰写过程中，我注重理论与实践相结合，聚焦于非物质文化遗产的定义、分类、价值评估、保护策略、传承机制等，通过跨学科的方法，结合历史学、人类学、社会学、艺术学等多领域视角，全面梳理吕梁非遗的现状特点、保护传承实践以及存在的问题，力求揭示其内在的文化逻辑与社会功能，探讨非遗保护传承的有效路径和策略，为推动吕梁非遗的可持续发展提供理论支持和实践指导。本书不仅是对非物质文化遗产的一次全面梳理与深入解读，更是一次对文化多样性、人类创造力以及文化传承与创新的深刻反思。

一是揭示吕梁非遗的丰富内涵与独特价值。梳理吕梁非遗的历史渊源、发展脉络和现状特点，揭示其丰富的文化内涵和独特的艺术魅力。通过深入挖掘非遗项目的文化内涵和象征意义，展示吕梁非遗在中华民族文化宝库中的重要地位。

二是梳理吕梁非遗保护传承的现状与问题。对吕梁非遗保护传承的现状进行全面分析，指出当前面临的问题和挑战，包括非遗传承后继乏人、资金投入不足、保护机制不完善等。这些问题的揭示，为今后制定针对性的保护传承策略提供重要依据。

三是提出吕梁非遗保护传承的有效路径和策略。既深入剖析非遗保护传承的理论基础，又详细阐述吕梁非遗保护传承的实践经验。针对吕梁非遗保护传承面临的问题和挑战，提出加强非遗传承人培养、加大资金投入力度、完善保护机制、推动非遗与旅游融合发展等一系列行之有效的路径和策略。

四是推动吕梁非遗保护传承工作深入开展。我希望通过本书，不仅为学术界提供关于吕梁非遗保护传承的宝贵资料，也为当地政府和社会各界提供有益的参考。通过本书的推广和传播，可以唤起更多人对吕梁非遗的关注和重视，推动非遗保护传承工作取得更加显著的成效。

特别需要说明的是，为了解吕梁非物质文化遗产的传承现状，我深入吕梁市各县区进行了 40 余次的田野调查，反复访问了近 27 名非遗传承人和相关工作者。田野调查的过程是辛苦的，但同时也是充满收获的。在调查过程中，我不仅学到了许多关于非遗项目的知识和技能，更深刻理解了非遗文化的内涵和价值。通过对非遗项目的历史渊源、传承方式、艺术特色和社会功能等方面的了解，我对非遗文化有了更加全面和深入地认识。同时，我也结识了许多热爱非遗文化的朋友，如武兴、武济文、刘晓弘、李长喜、张建琴等，他们的热情和执着让我深受感动和鼓舞。

在调查过程中，我也深切体会到了非遗传承的不易和艰辛。每一次深入乡村、走进民间，我都能感受到非遗项目在当地手艺人生活中的重要地位和深厚影响。在众多的非遗项目中，国家级传承人无疑是传承和发展的领导力量。他们不仅技艺精湛，更有着对传统文化的深厚情感和执着追求。比如中阳剪纸国家级传承人王计汝，自幼便跟随母亲学习剪纸，几十年如一日地坚守着这份事业，也使中阳剪纸在她手上到达了高峰。她不仅熟练掌握剪纸技艺的精髓，更在传承中不断创新，将传统技艺与现代审美相结合，使非遗项目焕发出新的生机与活力。然而，当我看到许多传统技艺和表演艺术因为缺乏传承人而濒临失传、当我看到年轻一代面对吕梁非物质文化遗产的冷漠和忽视时，内心也和王计汝一样，充满了深深的忧虑和不安。

总体上看，吕梁非遗传承现状令人担忧。许多传统技艺和表演艺术面临着失传的风险，年轻一代对传统文化的兴趣逐渐减弱，非遗项目的传承和发展面临着严峻的挑战。为了抢救和保护这些珍贵的文化遗产，吕梁市政府和社会各界付出了巨大的努力，但非遗传承仍然任重而道远。

希望通过本书的研究和探讨，能够唤起更多人对非遗文化的关注和热爱，共同为保护和传承中华优秀传统文化贡献吕梁力量。我相信，在广大读者和专家的支持和关注下，吕梁非遗研究将取得更加丰硕的成果和更加广泛的影响。

我对非遗项目的关心和热爱始终发自我的内心。我认为，非遗文化是中华优秀传统文化的重要组成部分，是中华民族的根和魂。保护和传承非遗文化，不仅是对历史的尊重，更是对未来的负责。

我生在吕梁，长在吕梁，也教学研究在吕梁学院中文系，已近知天命之年，方借着非遗课题研究真正见识到何谓吕梁。《吕梁非物质文化遗产保护传承研究》不仅汇聚着这几年来我留心于此的研究心得，也是我对于生养我的家乡的微薄的献礼。谨以此书，献给吕梁人民，献给三晋大地！

刘玉秀

2024 年 10 月 5 日于吕梁学院

目录
Contents

绪　论

第一节　研究背景及意义 003

第二节　非物质文化遗产概念界定 006

第三节　国内外研究成果简述 007

第四节　研究思路与方法 010

　一、研究思路 010

　二、主要研究方法 011

第一章　吕梁非物质文化遗产概览

第一节　吕梁非物质文化遗产资源及其特色 015

第二节　吕梁非物质文化遗产的内涵与价值 017

　一、经济发展的"助推器" 019

　二、社会进步的"加油站" 019

　三、民族共同体的"奠基石" 020

第二章　吕梁非物质文化遗产保护传承现状

第一节　保护现状：政策、措施与成效 023

　一、完善政策机制，夯实基础支撑 023

　二、系统摸清家底，开展普查建档 025

　三、健全名录体系，全面系统保护 026

四、加大宣传力度，营造良好氛围 039

五、保护实践中存在的问题 039

第二节　传承现状：机制、传承人与挑战 054

一、传承人的认定与培养 054

二、保护与传承设施 076

三、社会参与和监督 077

四、存在的问题 078

第三节　活化利用：模式、实践与反思 080

一、活化模式与举措 081

二、实施案例与成效 086

三、活化利用存在的问题与挑战 102

第三章　典型案例：吕梁非物质文化遗产保护的实践与启示

第一节　代表性非遗项目介绍 107

一、传统音乐（民间音乐） 107

二、传统戏剧 109

三、传统美术（民间美术） 114

四、传统技艺（传统手工技艺） 117

五、曲艺 118

六、传统舞蹈（民间舞蹈） 119

七、民俗 122

第二节　案例分析与启示 124

一、项目地理背景 124

二、项目情况说明 124

三、问题与启示 133

第四章　吕梁非物质文化遗产保护传承策略

第一节　前提基础：发掘价值，传承文脉 139

　一、历史见证 139

　二、艺术价值 140

　三、社会功能 143

第二节　政策法规：完善体系，强化执行 144

　一、完善法律法规，撑起非遗系统性保护传承的"四梁八柱" 144

　二、加强管理研究，持续提高非遗管理水平和能力 145

　三、健全制度机制，提高非遗传承保护规范化水平 147

第三节　技术创新：数字化保护与人才培养 147

　一、数字化创新 148

　二、数字化教育 149

　三、数字化保障 151

第四节　活化路径：文旅融合，品牌塑造 152

　一、"非遗＋文创" 152

　二、"非遗＋研学" 154

　三、"非遗＋演艺" 155

　四、"非遗＋节庆" 156

　五、"非遗＋乡村振兴" 157

附　录

　一、调研问卷及统计结果分析 160

　二、访谈录 168

参考文献

一、学术著作 192

二、期刊论文 193

三、学位论文 195

四、报纸文章 198

五、电子文献 200

后　记 206

绪 论

第一节 研究背景及意义

党的十九大报告中指出："中国特色社会主义文化，源自于中华民族五千多年文明历史所孕育的中华优秀传统文化，熔铸于党领导人民在革命、建设、改革中创造的革命文化和社会主义先进文化，植根于中国特色社会主义伟大实践。"党的二十大报告提出："加大文物和文化遗产保护力度，加强城乡建设中历史文化保护传承。"非物质文化遗产作为中华优秀传统文化中独特的存在，对促进文化多样性、增强文化自信、建设社会主义文化强国至关重要。

中国具有国家、省、市、县四级非物质文化遗产名录，共认定非物质文化遗产代表性项目 10 万余项。国务院先后于 2006 年、2008 年、2011 年、2014 年和 2021 年分 5 批公布了国家级项目名录，共计 1557 个大项，合计 3610 个子项。截至 2022 年 12 月，中国被列入联合国教科文组织非物质文化遗产名录（名册）项目共计 43 项，总数位居世界第一。其中，人类非物质文化遗产代表作 35 项（含昆曲、古琴艺术、新疆维吾尔木卡姆艺术和蒙古族长调民歌）；急需保护的非物质文化遗产名录 7 项；优秀实践名册 1 项。中国 43 个项目的入选，体现了中国日益提高的履约能力和非物质文化遗产保护水平，对于增强遗产实践社区、群体与个人的认同感和自豪感，激发传承保护的自觉性和积极性，都具有重要意义。2021 年 3 月，"非遗保护"首次被列入普通高等学校本科专业目录，属于艺术学艺术理论类专业。非物质文化遗产的保护和传承已成为当下一个重要的研究课题。

吕梁市位于山西省中西部，地处黄河中游、汾水西岸，襟山带河，气魄雄浑。碧村遗址镌刻了远古的文明印记，杏花村作坊酿造了千年的美酒琼浆，碛口古镇见证了晋商的辉煌传奇，革命先辈书写了惊天动地的英雄史诗。这里，文化底蕴深厚，黄河文化、晋商文化、汾酒文化、廉政文化和红色文化交相辉映，共同孕育出刚健有为、奋发向上的英雄气息，也留存下千姿百态、绚丽斑斓的非物质文化遗产。比如，岚县民间八音。这一传统音乐形式承载着北魏年间的历史记忆，是在漫长岁月中与西域传入的乐器相融合而形成的独树一帜的鼓乐体系。岚县八音的独特魅力，正是吕梁悠久历史和丰富文化积淀的生动体现。再比如，临县伞头秧歌，其起源可追溯至古代祭祀活动中的迎神赛会和民间傩舞。经过世代相传和不断创新，伞头秧歌已形成了包含30多种舞蹈场图和40多种演唱曲调的独特艺术体系。

这些非物质文化遗产是吕梁乃至整个中华民族的文化记忆，是连接过去与未来的精神纽带，是中华民族文化多样性的重要组成部分。它们以独特的方式承载着吕梁人民的精神气质，寄托和展现着吕梁人民的生活方式、价值观念、审美追求和精神世界，是吕梁文化软实力的重要体现。

我们也看到，随着现代化进程的加速推进，在全球化和经济一体化的冲击下，传统民族文化受到外来文化的强烈影响，一些依靠口授和行为传承的文化遗产正在不断消失；许多传统技艺濒临消亡，大量有历史、文化价值的珍贵实物与资料遭到毁弃或流失境外；随意滥用、过度开发非物质文化遗产的现象时有发生。吕梁非物质文化遗产也和其他省、市的非物质文化遗产一样，面临着前所未有的挑战。一方面，传统的生活方式和价值观念逐渐淡化，使得一些非物质文化遗产失去了生存的土壤；另一方面，外来文化的冲击和年轻一代对传统文化的疏离，也使得非物质文化遗产的传承面临困境；还有一些非物质文化遗产项目传承人老龄化、技艺失传等问题日益严重，生存状况堪忧。

从这个意义上说，对吕梁非物质文化遗产进行有效保护与传承研究，既是吕梁传统文化传承、创新发展的需要，也能使吕梁非物质文化遗产在现代化进程中焕发出新的生机和活力。研究保护吕梁非物质文化遗产的意义主要体现在以下几个方面：

一是有助于维护文化的多样性和独特性。在全球化浪潮的冲击下，各地的文化特色逐渐趋同，非物质文化遗产的保护显得尤为重要。吕梁的非物质文化遗产，如文水葫芦制作技艺、孝义皮影戏等，都是中华民族文化宝库中的瑰宝。这些技艺和表演形式，以其独特的艺术魅力和文化内涵，展示了吕梁乃至整个中华民族的文化特色。通过保护和传承这些非物质文化遗产，可以维护文化的多样性，让后人能够了解和欣赏这些文化的独特魅力。

二是有助于弘扬民族精神，增强民族认同感和凝聚力。非物质文化遗产是民族精神的载体，蕴含着一个民族的历史记忆、价值观念和精神追求。通过对吕梁非物质文化遗产的保护与传承，可以激发人们对本民族文化的自豪感和归属感，增强民族凝聚力。同时，这些非物质文化遗产也是吕梁人民共同的精神家园，通过传承这些文化元素，可以加深人们对家乡的热爱和认同感。

三是促进经济和社会发展。随着文化产业的快速发展，非物质文化遗产作为一种独特的文化资源，具有巨大的开发潜力。通过对吕梁非物质文化遗产的深入挖掘和合理利用，可以推动文化产业的发展，促进经济增长。同时，非物质文化遗产的保护与传承也可以带动相关产业的发展，如旅游业、文化创意产业等，为吕梁市的经济发展注入新的活力。

四是推动文化交流与互鉴。非物质文化遗产是不同文化之间交流与互鉴的桥梁和纽带。通过对吕梁非物质文化遗产的展示和推广，可以让更多的人了解和认识吕梁的文化特色，促进不同文化之间的交流与理解。同时，吕梁也可以借鉴其他地区的非物质文化遗产保护经验，不断提升自身的保护水平，推动非物质文化遗产保护事业的发展。

吕梁非物质文化遗产的保护与传承不是一蹴而就的事情，要高度重视保护与传承工作，持续不断地努力和探索。要进一步深入研究其内涵和价值，探索有效的保护方法和传承途径。要加强与其他地区的交流与合作，共同推动非物质文化遗产保护事业的发展。注重非物质文化遗产的普及和教育工作，通过举办各种文化活动和展览，让更多的人了解和认识吕梁的非物质文化遗产，提高对非物质文化遗产保护的意识。要加强对非物质文化遗产传承人的培养和支持，鼓励他们继续传承和发扬光大这些宝贵的文化遗产。

第二节 非物质文化遗产概念界定

非物质文化遗产，简称"非遗"，与物质文化遗产相对，指的是各族人民世代相传，并视为其文化遗产组成部分的各种传统文化表现形式，以及与这些传统文化表现形式相关的实物和场所。

非物质文化遗产这一概念是伴随着对文化遗产认识的深化而逐步形成的。1982年，联合国教科文组织下属世界遗产委员会在墨西哥会议文件中用"民间文化"来表述为"非物质文化遗产"。1989年，联合国教科文组织在巴黎召开的第25届大会上通过了《保护传统文化和民俗的建议》（Recommendation on the Safeguarding of Tradition Cultural and Folklore），用"传统文化和民俗"来表述"非物质文化遗产"。同年，联合国教科文组织推出了《保护民间创作建议案》，该建议案首次提及了与非物质文化遗产相关的内容，并鼓励世界各国采取行动，保存、保护并传播民间创作这一全人类的共同遗产。1998年，联合国教科文组织在《宣布人类口头和非物质遗产代表作条例》（Proclamation of Masterpieces of the Oral and Intangible Heritage of Humanity）中，首次采用了"非物质遗产"这一术语，并将其与"口头遗产"共同表述"非物质文化遗产"概念。此时，"人类口头和非物质遗产"的定义等同于"民间创作"原来的定义。2001年，联合国教科文组织宣布了第一批19项"人类口头和非物质文化遗产代表作"名录。从此，"非物质文化遗产"作为一个特定的概念进入人类文化话语体系中。2003年，联合国教科文组织第32届大会通过了《保护非物质文化遗产公约》（Convention for the Safeguarding of the Intangible Cultural Heritage），该公约最终明确规定"非物质文化遗产"的概念，并将其定义为：被各社区、群体，有时是个人，视为其文化遗产组成部分的各种社会实践、观念表述、表现形式、知识、技能以及相关的工具、实物、手工艺品和文化场所。这种非物质文化遗产世代相传，在各社区和群体适应周围环境以及与自然和历史的互动中，被不断地再创造，为这些社区和群体提供认同感和持续感，从而增强对文化多样性和人类创造力的尊重。

根据《保护非物质文化遗产公约》，非物质文化遗产的具体范围包括：口头传统和表现形式，包括作为非物质文化遗产媒介的语言；表演艺术；社会实践、仪式、节庆活动；有关自然界和宇宙的知识和实践；传统手工艺等。

2004年，中国正式加入《保护非物质文化遗产公约》，成为第6个缔约国。从此，中国在非物质文化遗产保护方面取得了显著成就。目前，联合国教科文组织公布的非物质文化遗产名录中，中国占有的项目数量位居世界第一。

非物质文化遗产概念的形成是一个逐步深化的过程，从最初的"民间文化"到"传统文化和民俗"，再到"非物质遗产"，最终明确为"非物质文化遗产"，展示了人类对自身文化传统的深入探索与尊重，也体现了全球范围内对保护、传承与发展这类文化资产的共识与努力。通过这样的演变，非物质文化遗产也在全球视野下获得了更加广泛、深入的保护与传承。

第三节　国内外研究成果简述

国外对非遗的研究比国内起步早，特别是对非遗的保护和传承研究成果较为丰富，且注重实际应用。国外学者普遍认为，非遗是代代相传的知识和技能的财富，能够确保和增进人类文明的连续性和人类的认同感。非遗的保护与传承涉及许多经济部门，新的管理技术和经验、基础设施的发展等肯定会给一个国家的经济和社会发展做出贡献，保护非遗是经济的宝贵来源。在非遗保护与传承的对策方面，他们提出，首先要加强立法，保护知识产权，要通过制度建设加强管理。结合旅游应用，他们提出数字化创新"非遗"旅游的理念，强调从"互联网+"的角度探讨非遗保护的模式，利用数字媒体的自身优势，借助数字媒体的力量保护好非遗。资料显示，在东亚，日本积极推进"文化财登记制度"以增强民众对"非遗"的保护意识；韩国政府举办民俗活动，并借助各种媒体大规模宣传"非遗"。在欧洲，法国设置"文化遗产日"推动"非遗"保护进程；意大利政府举办"文化与遗产周"活动，开办培训场所，举办主题节日等等。总之，国外"非遗"保护研究中的重点最后都归于商业运作和旅游业的有效参与。这为国内传承保护"非遗"提供了借鉴。

近年来，以"非物质文化遗产"和"旅游"为关键词的学术论文和论著数量激增，反映了学术界对"非遗"研究的重视。特别是，学术界对"非遗"与旅游的关系、"非遗"旅游资源的评价与开发、"非遗"保护等方面进行深入研究，取得了一系列有价值的研究成果。国内"非遗"研究主题不断拓展，涵盖了"非遗"的识别、认定、保护、传承、传播等多个方面。研究者来自艺术学、法学、教育学、文学、历史学、理学、管理学及交叉学科等多个学科门类，形成了交叉融合的研究趋势。

国内"非遗"研究在内容上展现出了较为丰富的多样性和深刻的洞见。有的聚焦于"非遗"的活态传承策略，分析"非遗"在不同历史时期和现代社会环境中的演变过程；有的通过借鉴国外"非遗"保护经验，提出了我国"非遗"活态传承的多种策略。这类研究不仅丰富了"非遗"研究的理论体系，也为实践提供了有力的指导。有的特别关注"非遗"的构成要素、现状问题及反思等方面，通过具体案例，深入剖析"非遗"保护中的文化变迁和社会影响，展现"非遗"研究的深度和广度。王文章的《非物质文化遗产保护研究》收录了有关于非物质文化遗产的多篇文章，涉及珍视和保护少数民族文化艺术遗产、非物质文化遗产保护步入规范历程、正确认识和把握非物质文化遗产的传承规律等重要议题。王文章的另一著作《非物质文化遗产概论》，全面系统地介绍了非物质文化遗产的基本概念、保护的重要性、保护的原则与方法等，是该研究领域的重要参考书目。

近年来，随着对"非遗"保护工作的重视，吕梁"非遗"的研究也取得了显著成果。首先，在"非遗"普查和认定方面，吕梁市文化和旅游局对全市各级"非遗"基础数据进行了重新整理，建立了完善的"非遗"数据库。同时，通过科学调查和评估，成功申报了一批国家级和省级"非遗"项目。其次，在"非遗"传承和保护方面，吕梁市积极推广"非遗进校园"等活动，提高了群众对"非遗"的认知度和参与度。

再次，出版了一批具有学术价值和实践指导意义的论著。其中，郭丕汉和姜玉生所著的《临县民俗文化》从临县的社会民俗、生产生活方式、方言俗语、节日礼仪等入手，对临县的民俗文化进行了全面而深入的记录和探讨，突出了地方特色，彰显了地域文化精华，是一部内容全面、特色鲜明、图文并茂的民俗专著，对临县地方文化的传承具有积极作用。刘晓弘所著的《临县大唢呐》是一本深入探讨临县大唢呐艺术的书籍。该书详细介绍了临县大唢呐的历史渊源、艺术特点、演奏技巧以及传承发展等，为读者展现了这一传统音乐形式的独特魅力。白占全的《吕梁民俗》详细介绍了吕梁地区的各种民俗活动、民间信仰、传统节日、婚丧嫁娶等习俗。他通过对这些民俗事项的细致描述，让我们感受到了吕梁人民的热情、淳朴和善良。同时，他也从民俗的角度，揭示了吕梁地区的社会历史变迁和文化发展脉络。由中共吕梁市委、市政府支持，吕梁市文化新闻出版局组织近 20 名专家学者编撰的《吕梁非物质文化遗产荟萃》是一本全面、系统展示吕梁非物质文化遗产的图书。该书详尽地介绍了吕梁市 26 个项目的传承区域、历史渊源、表现形态、文化价值以及濒危状况，内容具有一定的学术性、知识性、文献性。它是吕梁市首次全面、系统、图文并茂地展示吕梁非物质文化遗产的大型图书，也是吕梁市非物质文化遗产保护工作阶段性成果的全面呈现。

早期的论文主要集中在对吕梁非遗的保护与传承的初步探讨，如《谈谈吕梁非遗的保护与传承》。随着研究的深入和吕梁非遗保护工作的推进，后来的论文开始涉及更加具体的非遗项目、传承机制以及非遗与现代社会发展的关系等。笔者对知网所载相关论文进行统计，关于柳林盘子的有 22 篇，关于文水鈲子的有 10 篇，关于孝义皮影的有 65 篇，关于孝义碗碗腔的有 38 篇，关于孝义木偶的有 15 篇，关于杏花村汾酒酿制技艺的有 4 篇，关于临县大唢呐的有 3 篇，关于临县道情的有 16 篇，关于中阳剪纸的有 36 篇，关于交城滩羊皮鞣制技艺的有 1 篇。这些论文针对吕梁地区特定的非遗项目详细探讨非遗项目的历史、发展、现状、面临的挑战和机遇，以及保护与传承的策略和方法，包括加强普查和认定工作、加大资金投入、培养传承人、探索非遗与旅游的融合发展等。其中有些论文通过田野调查获取第一手资料，更直观地了解非遗传承的实际情况和面临的问题，确保了研究的科学性和严谨性，也增强了研究结论的说服力。有些论文通过深入研究某个非遗项目的历史、现状和未来趋势，为非遗保护提供了理论支持和实践指导；还有的论文通过提出具体的保护措施和传承策略，传播非遗文化知识和价值观念，促进了非遗的传承和发展。

尽管吕梁非遗的研究取得了丰硕成果，但仍存在一些不足之处。例如，对于某些非遗项目的文化内涵和历史渊源的挖掘还不够深入，对于非遗与现代社会的融合和发展还需进一步探索。

展望未来，吕梁非遗的研究可以从跨学科合作、国际交流与现代科技融合等方面展开。通过加强历史学、社会学、人类学等多学科的合作，可以更加全面地理解非遗的历史与文化内涵。通过国际交流与合作，可以借鉴国外非遗保护的成功经验，推动吕梁非遗走向世界。利用数字技术、虚拟现实等现代科技手段对非遗进行数字化保护和传承，也是未来研究的重要方向。

第四节　研究思路与方法

一、研究思路

（一）明确吕梁非物质文化遗产的种类、数量、分布及现状。这需要对吕梁市文化资源进行全面调查，了解各类非物质文化遗产的历史渊源、传承方式、艺术特点等。通过田野调查、文献研究等方法，收集第一手资料，为后续研究提供坚实基础。

（二）分析吕梁非物质文化遗产保护传承面临的挑战和困境。这些挑战可能包括资金匮乏、传承人老龄化、技艺传承困难、市场接受度低等问题。通过深入研究这些挑战，可以更有针对性地提出解决方案。

（三）研究吕梁非物质文化遗产保护传承的有效策略。这包括制定具体的政策措施，如资金扶持、传承人培养、技艺传承机制创新等；同时，还需要探索非物质文化遗产与旅游、教育、文化创意产业等相结合的途径，以扩大其社会影响力和经济价值。

（四）关注吕梁非物质文化遗产的跨文化传播与交流。通过加强与国内外相关机构的合作与交流，推广吕梁的非物质文化遗产，提升其在国际舞台上的知名度和影响力。

（五）对吕梁非物质文化遗产保护传承的效果进行评估与反馈。通过定期检查和评估保护措施的实施情况，及时调整策略和方法，以确保非物质文化遗产得到有效保护并焕发新的活力。

二、主要研究方法

（一）田野调查法：这是本研究主要运用的方法。通过实地走访、观察、访谈等方式，收集第一手资料，了解非物质文化遗产项目的实际情况。

（二）文献研究法：通过查阅相关历史文献、地方志、民俗资料等，补充田野调查的不足，梳理吕梁非物质文化遗产的历史脉络和发展轨迹。

（三）个案分析法：选取具有代表性的非物质文化遗产项目进行深入研究，探讨其传承与保护的成功经验或存在的问题。

（四）跨学科研究法：综合运用历史学、文化学、艺术学、社会学等多学科知识，对吕梁非物质文化遗产进行全面、深入地分析和研究。

第一章

▼

吕梁非物质文化遗产概览

第一节　吕梁非物质文化遗产资源及其特色

吕梁非物质文化遗产的形成和发展，与其地理历史背景密不可分。吕梁地处黄河流域，这一地理位置为其历史文化的形成和发展提供了独特的背景。这里是古代文明的重要发源地之一，早在春秋战国时期，就已经有了较为发达的农业和手工业。随着历史的演进，这里逐渐成为商业繁荣、文化交流的重要区域，有着丰富的自然资源和独特的文化气息，为吕梁非物质文化遗产的形成提供了丰富的素材和灵感。

非物质文化遗产一般分为 10 类：民间文学、民间舞蹈、民间音乐、杂技与竞技、传统戏剧、曲艺、传统手工技艺、传统医药、民间美术、民俗。吕梁市非物质文化遗产涵盖了所有类别：

1. 民间文学：交城玄中寺"鸠鸽二仙"的传说、文水子夏山的传说、汾阳峪道河马跑神泉的传说、汾州民间故事、张四姐的故事等；

2. 民间舞蹈：临县伞头秧歌、汾阳地秧歌、文水混秧歌、柳林水船秧歌、离石旱船秧歌等；

3. 民间音乐：文水鈲子、临县大唢呐、文水桥头大鼓、岚县八音、汾阳磕板采茶调、吕梁民歌、交口八音会等；

4. 杂技与竞技：文水长拳、文水新午拳法、文水六合战拳、汾阳六合拳等；

5. 传统戏剧：孝义皮影、孝义木偶戏、孝义碗碗腔、临县道情、兴县昆曲、兴县香坊戏、文水郑家庄灯影戏等；

6. 曲艺：文水跌杂则、离石弹唱、临县三弦书、柳林弹唱等；

7. 传统手工技艺：交城滩羊皮鞣制、交城琉璃咯嘣、文水梵安寺素饼、文水豆腐皮、杏花村汾酒酿制、汾州八大碗、汾阳柳编、传统烤制汾阳月饼、孝义插酥包子、孝义杏野砂器、柳林碗团、柳林芝麻饼传统技艺等；

8. 传统医药：交城李氏针灸——子午流柱针法、文水县常氏祖传中医皮肤外科、文水县王氏象皮生肌散、文水县中耳炎祖传治疗秘方"耳脓净"、汾阳市郭氏中医正骨、孝义市郝氏诊断淋巴结核与独特治疗、孝义市陈氏独特的正骨疗法等。

9. 民间美术：中阳剪纸、岚县面塑、文水葫芦雕刻、交口刺绣、石楼麦秆画、离石脸谱技艺、文水绫缎立体画屏、中阳民间绣品、交口布艺、刘家焉头木版年画等。

10. 民俗：柳林盘子会、孝义婚俗、中阳庞家会九曲黄河阵、汾阳窜黄蛇、岚县上明龙灯、柳林礼生唱祭文习俗、孝义市苏家庄村年俗、孝义传统丧葬礼俗等。

吕梁的民间文学丰富多彩，其中交城玄中寺"鸠鸽二仙"的传说、文水子夏山的传说等尤为著名。这些传说蕴含着丰富的历史文化信息，寄托了当地人民对美好生活的向往和追求。通过口口相传的方式，这些传说在民间广泛流传，对当地民众的思想观念、道德规范和审美情趣产生了深远影响。

吕梁的民间舞蹈独具特色，以临县伞头秧歌、汾阳地秧歌等为代表。这些舞蹈融合了当地的民俗风情和历史文化，通过丰富的舞蹈语汇和独特的表演形式，展现了吕梁人民的热情和活力。例如，临县伞头秧歌以其粗犷豪放、诙谐幽默的艺术风格著称，汾阳地秧歌则以其欢快的节奏和生动的表演受到广大群众的喜爱。这些舞蹈在当地有着广泛的群众基础，还逐渐走出吕梁，成为展示吕梁文化的重要窗口之一。

吕梁民间音乐种类繁多，包括文水钑子、临县大唢呐等。这些音乐形式具有浓郁的地方特色，旋律优美、节奏明快，体现了吕梁人民对音乐的热爱和追求。文水钑子以其独特的演奏技巧和丰富的表现力著称，临县大唢呐则以其高昂的音色和强烈的感染力深受人们的喜爱。

传统戏剧如孝义皮影戏、孝义木偶戏等以其独特的表演形式和精湛的艺术技巧赢得了广大观众的喜爱。孝义皮影戏作为中国皮影戏的重要支派之一，以其影人造型逼真、色彩明亮、唱腔古老而独特著称；孝义木偶戏则以其生动的表演和丰富的故事情节吸引了众多观众。

传统手工技艺如交城滩羊皮鞣制、杏花村汾酒酿制等具有悠久的历史和精湛的工艺。交城滩羊皮鞣制技艺以其独特的鞣制方法和优质的羊皮制品闻名遐迩；杏花村汾酒酿制技艺则以其精湛的酿酒工艺和独特的口感赢得了广大消费者的青睐。

　　这里的民俗活动，如柳林盘子会、孝义贾家庄婚俗等，具有浓厚的地域特色和文化内涵。柳林盘子会作为当地盛大的民俗活动之一，以其独特的表演形式和丰富的文化内涵吸引了众多游客前来观赏；孝义婚俗则以其独特的仪式和习俗展现了当地人民对婚姻和家庭的重视和尊重。

　　这些非遗项目不仅是吕梁文化的重要组成部分，也是研究当地历史文化和民俗风情的重要资源。

第二节　吕梁非物质文化遗产的内涵与价值

　　吕梁非物质文化遗产是中华民族精神的重要载体。这些非物质文化遗产所蕴含的价值观念、道德规范和人文精神，凝聚了当地人民的智慧和力量，是吕梁人民在长期的历史进程中形成的共同记忆，是增强文化认同感和民族凝聚力的重要纽带。通过传承和弘扬这些非物质文化遗产，可以更好地理解和感受中华民族的文化精神，增强文化自信和民族自豪感，吕梁精神的内涵主要体现在以下三个方面。

　　一是自强不息的奋斗精神。吕梁的民歌和舞蹈，往往表达了劳动人民在生产生活中的坚韧不拔和自强不息的精神。这些艺术形式通过代代相传，将勤劳、勇敢、智慧的民族精神深深烙印在人们的心中。例如，吕梁民歌中的很多歌曲都反映了劳动人民在艰苦环境中辛勤劳作、乐观向上的生活态度，这种精神正是中华民族自强不息、奋发有为的生动写照。

　　二是团结互助的集体主义精神。在吕梁的非物质文化遗产中，许多都是集体性活动，如伞头秧歌、皮影戏、木偶戏等。这些活动需要多人协作、共同完成，体现了团结互助的集体主义精神。在排练和表演过程中，每个参与者都要相互配合、相互支持，共同为观众呈现精彩的演出。这种集体主义精神，也是中华民族传统文化中的重要组成部分。

　　三是爱国主义情怀。吕梁的非物质文化遗产中，不乏表现爱国情怀的作品。例如，在一些民歌和戏剧中，经常可以看到劳动人民对祖国的热爱和忠诚。这种爱国情怀，是中华民族精神的核心之一，它激励着无数中华儿女为国家的繁荣富强而努力奋斗。

吕梁非物质文化遗产具有深厚的历史文化底蕴、独特的艺术表现形式以及对现代社会的文化贡献等多重艺术价值。每一种非遗都有其独特的制作技艺、表现形式和文化内涵，其独特的艺术价值正是中华文化多样性的生动体现。具体表现为以下四个方面。

其一，精湛技艺与匠心独运。吕梁的非物质文化遗产中，许多项目都体现了精湛的技艺和匠心独运。例如，岚县面塑以其独特的制作工艺和栩栩如生的造型赢得了广泛赞誉。制作面塑需要经过多道工序，每一步都需要精心雕琢，最终呈现出精美绝伦的艺术品。这种精湛的技艺展示了吕梁人民的勤劳与智慧，传承了中华民族的传统工艺。

其二，地域特色与民俗风情。吕梁非物质文化遗产具有鲜明的地域特色和民俗风情。例如，临县伞头秧歌作为传统舞蹈的代表，融入了当地祭祀、节庆等民俗活动元素，展现了吕梁独特的舞蹈风格和审美情趣。这种地域特色和民俗风情使得吕梁的非物质文化遗产更加丰富多彩，也为当地的文化旅游产业发展提供了有力支撑。

其三，形式美与意境美的统一。这些非物质文化遗产在形式上追求精致、细腻、协调的美感。例如，中阳剪纸以其精湛的剪纸技艺和富有创意的图案设计而著称。剪纸艺人运用巧妙的构思和精湛的技艺，将纸剪成各种生动的图案，既体现了形式上的美感，又蕴含了深厚的文化内涵。同时，这些非遗项目还通过意境的营造来表达对美的感受。例如，在孝义皮影戏中，艺人们通过精湛的雕刻技艺和生动的表演手法，将故事情节和人物形象栩栩如生地展现在观众面前，使观众在欣赏皮影戏的同时感受到美的熏陶和心灵的震撼。

其四，情感美与道德美的体现。这些非物质文化遗产项目大多源于民间生活实践和经验总结，它们以真挚的情感和朴实的道德观念打动人心。例如，在临县伞头秧歌的表演中，舞者们通过欢快的舞蹈和生动的表情传达出对生活的热爱和对美好未来的憧憬；在孝义皮影戏的剧情中，常常蕴含着惩恶扬善、尊老爱幼等传统美德的教育意义。这些情感美和道德美的体现使得吕梁的非物质文化遗产更加贴近人民群众的生活实际和精神需求。

吕梁的非物质文化遗产具有丰富的经济价值和社会效益。通过深入挖掘和整合这些资源，可以推动文化产业、旅游业等相关产业的发展，创造更多的就业机会和收入来源。同时，非物质文化遗产文化的传承和弘扬也有助于提升城市文化形象和知名度，促进社会创新和进步。

一、经济发展的"助推器"

一是文化产业发展的重要资源。吕梁非物质文化遗产为文化产业的发展提供了丰富的素材和灵感来源。通过挖掘和整合这些资源，可以开发出具有地方特色的文化产品和服务，进而形成独特的文化产业链。例如，将传统手工艺与现代设计相结合，打造出具有市场竞争力的文创产品，既能够传承传统文化，又能够创造经济价值。

二是促进旅游业发展。吕梁非物质文化遗产也是吸引游客的重要旅游资源。通过展示非遗技艺、表演非遗节目、销售非遗产品等方式，可以吸引更多游客前来观赏和体验。这不仅能够带动旅游业的繁荣，还能够促进相关产业的发展，如餐饮、住宿、交通等。同时，非遗旅游还能够增加游客的文化体验，提升旅游品质，从而进一步推动旅游业的发展。

三是创造就业机会和增加收入。非物质文化遗产的保护和传承需要大量的人才参与。因此，吕梁市通过培养非遗传承人、建立非遗工坊等方式，为当地居民提供了更多的就业机会。这些就业机会不仅能够帮助居民增加收入，还能够提高他们的生活水平。同时，非遗产品的生产和销售也能够为相关企业和个人带来可观的收益。

二、社会进步的"加油站"

一是传承和弘扬传统文化。非物质文化遗产是中华优秀传统文化的重要组成部分。通过保护和传承这些非遗资源，可以有效地传承和弘扬中华优秀传统文化。吕梁市通过举办非遗展览、演出、培训等活动，让更多的人了解和认识到传统文化的魅力和价值。这不仅有助于增强民族自豪感和文化认同感，还能够促进文化多样性和社会和谐。

二是提升城市文化形象和知名度。吕梁市拥有丰富的非遗资源，这些资源成为提升城市文化形象和知名度的重要载体。通过对外展示和传播非遗文化，可以让更多的人了解吕梁市的文化底蕴和特色。这不仅有助于提升城市的吸引力和竞争力，还能够促进城市之间的文化交流与合作。

三是促进社会创新和进步。非物质文化遗产的保护和传承需要不断创新和发展。吕梁市在保护传统非遗技艺的同时，也注重将其与现代科技、时尚元素等相结合，创造出新的文化产品并提供相应服务。这种创新不仅能够满足当代人的审美和需求，还能够推动社会的进步和发展。例如，通过非遗与科技的结合，可以开发出更具互动性和趣味性的文化体验项目，吸引更多年轻人参与和关注非遗文化。

三、民族共同体的"奠基石"

非物质文化遗产作为民族文化的重要组成部分，是构建民族认同感的重要基石。非遗项目中所蕴含的共同文化基因和价值观念，使得吕梁的各族人民能够产生强烈的归属感和认同感。这些非遗项目在民族间的交流与融合中发挥着桥梁和纽带的作用，增强了民族的凝聚力和向心力。

吕梁的非物质文化遗产中，许多都是与日常生活紧密相连的，比如传统的剪纸艺术、刺绣技艺、地方戏曲等。这些文化遗产通过家族传承、师徒相传等方式，代代相传，人们会自然而然地感受到一种归属感，这种归属感正是民族认同感的重要组成部分。例如，吕梁的剪纸艺术以其独特的艺术风格和深刻的民俗内涵深受人们喜爱。每当春节或其他重要节日来临，家家户户都会贴上精美的剪纸窗花，既装点了节日的氛围，也让人们在欣赏的过程中体会到了传统文化的魅力，从而加深了对民族的认同感。

非物质文化遗产还是凝聚力量的重要纽带。许多非物质文化遗产都是群体性的活动，如民间舞蹈、戏曲表演等，往往需要多人参与，人们在共同的创作和表演过程中，锻炼了团队协作能力，增进了彼此间的了解和友谊。以吕梁的地方戏曲为例，作为当地人民喜闻乐见的一种艺术形式，在表演过程中，演员们需要紧密合作，共同呈现；观众在观看过程中，会被演员们的精湛技艺和深厚的文化底蕴所吸引，从而产生一种文化共鸣。这种共鸣增强了人们对中华优秀传统文化的热爱，加深了彼此之间的情感联系，进而提升了人民群众的向心力和凝聚力。

第二章

▼

吕梁非物质文化遗产保护传承现状

近年来，吕梁市认真贯彻习近平总书记重要指示精神，坚持"保护为主、抢救第一，合理利用、传承发展"的工作方针，通过完善非遗保护政策与法规体系，形成了项目、传承人、基地、保护单位"四位一体"传承保护载体，推动非遗与旅游、教育等产业的深度融合，群众参与非遗保护的积极性日益高涨，非遗在新时代焕发出更加绚丽的光彩。

第一节　保护现状：政策、措施与成效

一、完善政策机制，夯实基础支撑

（一）加强组织领导

吕梁市委、市政府组织成立吕梁市非物质文化遗产保护领导组、吕梁文化生态保护实验区领导小组、非遗保护工作专家组，建立非遗保护工作局际联席会议制度；市级专门设立吕梁市晋中文化生态保护实验区管理中心，县级设立非遗保护中心，明确主体责任，为非遗保护提供了强有力的组织保障。同时，坚持科学规划引领，在建设过程中注重制度机制层面的顶层设计，不断完善非遗项目保护制度体系，配套制定一系列制度规范，修订完善非遗专项资金使用管理办法，强化了对非遗传承工作的监督检查。全市非遗保护和实验区建设逐步走上制度化轨道，形成非遗保护共创共建的强大合力。

（二）注重立法保护

吕梁市是山西省第一家开展非遗保护立法的地市。2017 年 8 月 9 日，《吕梁市非物质文化遗产保护条例》经市第三届人民代表大会常务委员会第十六次会议审议通过，并于当年 11 月 1 日起正式实施。该条例明确了非物质文化遗产的定义、保护原则、政府职责、保护经费、传承人的认定与管理等内容，为非物质文化遗产的保护提供了法律保障。

（三）强化制度建设

吕梁市不断完善非遗项目保护制度体系，配套制定了非遗项目及代表性传承人认定与管理办法、非遗名录建设等一系列制度规范，修订完善非遗专项资金使用管理办法，强化了对非遗传承工作的监督检查。同时，围绕国家级晋中文化生态保护实验区的创建，制定出台了《吕梁市非物质文化遗产保护工作实施方案》《吕梁市晋中文化生态保护实验区管理办法》等一系列非遗文化保护方案。

（四）完善保护机制

吕梁市坚持目标导向、结果导向，不断探索创新、不断学习借鉴，建立起了项目、传承人、基地、保护单位"四位一体"传承保护载体，形成了"三五"传承保护工作模式，即项目"五个一"：一个保护方案、一个基地、一批展示平台、一批普及读物、一套档案资料；传承人"五个一"：一份计划、一批学员、一项展示展演活动、一批创作成果、一套实物及资料；基地"五个一"：一个专家指导组、一套工作班子、一个传习场所、一定保护经费、一批保护成果。"三五"模式的运行推行，在提高传承保护水平、保证项目实施质效上起到了十分重要的作用。为鼓励非遗传承人开展传承活动，吕梁市对各级非遗传承人给予资金补助。中央财政对国家级传承人予以每人每年 2 万 –2.5 万元的资金补助，市级财政对除国家级、省级传承人以外的市级传承人予以资金补助，每人每年 2000 元。此外，还通过命名、授予称号、表彰奖励等方式，表彰在非遗保护方面做出突出贡献的个人或团体，以此激励更多人参与到非遗保护工作中来。

（五）加大财政支持

吕梁市将非遗保护资金列入年度预算，确保非遗保护工作的资金需求。《吕梁市非物质文化遗产保护条例》针对保护投入不足、保护措施不力等实际困难，明确要求将保护经费列入政府年度财政预算，按照非遗项目及其传承人的不同等级、不同类别，采取不同的保护措施。制定实施《吕梁市非物质文化遗产保护资金管理办法（试行）》，规范资金的使用和管理。资金主要用于规划编制、调查研究、档案和数据库建设、濒危项目抢救、人才培养、作品征集、传承活动、宣传展示、对外交流以及非遗代表性项目、代表性传承人的资助或补助等事项。设立市级非物质文化遗产保护专项资金，并逐年增加投入。据统计，2021年全市共投入非遗项目保护资金972.9万元，2022年995.9万元，2023年1163.72万元，年均增幅达到9.6%。

二、系统摸清家底，开展普查建档

吕梁究竟有多少非遗项目，分布在什么地方，有多少传承人，每个项目的责任单位是谁？为了摸清家底，近年来，吕梁市对全市非遗项目进行全面普查，运用文字、录音、录像、数字化多媒体等方式进行真实、系统和全面地记录。对全市各级非遗基础数据进行重新整理，对项目类别、名称、申报地区或单位、项目保护单位、对应代表性传承人等内容进行系统梳理并编号存档。建立非遗档案和数据库，准确掌握了非遗项目的种类、数量、分布情况、传承脉络和存续状况。同时，连续两年对黄河流域非遗代表性项目和资源进行科学、准确和全面调查，准确掌握了其种类、数量、分布情况、传承脉络、保护措施和存续状况。在此基础上，吕梁市完善非遗数据库建设，启动非遗数字博物馆项目建设和招标工作。对于一些濒危项目，吕梁市则进行了抢救性记录和保护并完成项目数据档案库建设。对存续状态受到威胁、濒临消失的非物质文化遗产代表性项目，市、县（市、区）文化主管部门应当建立濒危项目名录，并会同相关部门制定抢救保护方案。这一措施有助

图1　吕梁市非物质文化遗产项目及传承人分布图

于及时发现并保护那些处于濒危状态的非遗项目，避免它们的失传。

据统计，吕梁市目前共有人类非物质文化遗产代表作 2 项、国家级非遗代表性项目 16 项、省级 69 项、市级 157 项。拥有国家级非遗代表性传承人 17 名、省级 108 名、市级 305 名，非遗的总体数量和门类均排在全省前列。国保、省保单位分别从 2010 年的 10 个、16 个增加到 2022 年的 18 个、36 个，全部完成了可移动文物普查、不可移动文物实地核查、革命文物调查等基础性工作。这些项目在吕梁市各县（市、区）均有分布，形成了较为完整的非遗保护体系。（见上图）

三、健全名录体系，全面系统保护

国家非物质文化遗产是文化遗产的重要组成部分，体现了一个国家和民族的历史、文化、精神和价值观念。为保护这些珍贵的文化遗产，各国都制定了一系列的价值标准和保护措施。根据相关法律法规和政策文件，国家非物质文化遗产的保护工作遵循一定的价值标准。2005 年，中国在明确非物质文化遗产保护工作的《国务院办公厅关于加强我国非物质文化遗产保护工作的意见》（国办发〔2005〕18 号），对国家级项目评审标准作如下规定：

表 1　国家级非物质文化遗产代表作评审标准

一	具有展现中华民族文化创造力的杰出价值
二	扎根于相关社区的文化传统，世代相传，具有鲜明的地方特色
三	具有促进中华民族文化认同、增强社会凝聚力、增进民族团结和社会稳定的作用，是文化交流的重要纽带
四	出色地运用传统工艺和技能，体现出高超的水平
五	具有见证中华民族活的文化传统的独特价值
六	对维系中华民族的文化传承具有重要意义，同时因社会变革或缺乏保护措施而面临消失的危险

吕梁市在非物质文化遗产保护方面积极完善四级名录体系，这一体系包括国家级、省级、市级和县级四个层级。通过这一体系的建立，可以更全面、系统地保护、传承和利用本地的非物质文化遗产资源。

（一）在国家层面

吕梁市积极申报国家级非物质文化遗产名录，在五批国家级名录及三批扩展名录中成功入选 16 项，提升了吕梁非遗项目的知名度和影响力。吕梁市国家级非物质文化遗产名录如下：

表 2　吕梁市第一批国家级非物质文化遗产名录（共计 6 项）

（国发〔2006〕18 号）2006 年 05 月 20 日

序号	编号	项目名称	申报地区或单位
一、民间音乐（1 项）			
1	Ⅱ—64	文水鈲子	山西省文水县
二、传统戏剧（3 项）			
2	Ⅳ—49	碗碗腔（孝义碗碗腔）	山西省孝义市
3	Ⅳ—71	临县道情戏	山西省临县
4	Ⅳ—91	孝义皮影戏	山西省孝义市
三、民间美术（1 项）			
5	Ⅶ—16	中阳剪纸	山西省中阳县
四、传统手工技艺（1 项）			
6	Ⅷ—59	杏花村汾酒酿制技艺	山西省汾阳市

表 3　吕梁市第一批国家级非物质文化遗产扩展项目名录（共计 3 项）

（国发〔2008〕19 号）2008 年 06 月 07 日

序号	编号	项目名称	申报地区或单位
一、传统舞蹈（民间舞蹈）（2 项）			
1	Ⅲ—2	汾阳地秧歌	山西省汾阳市
2	Ⅲ—2	临县伞头秧歌	山西省临县
二、传统戏剧（1 项）			
3	Ⅳ—92	孝义木偶戏	山西省孝义市

表 4　吕梁市第二批国家级非物质文化遗产名录（共计 3 项）

（国发〔2008〕19 号）2008 年 06 月 07 日

序号	编号	项目名称	申报地区或单位
一、传统技艺（传统手工技艺）（1 项）			
1	Ⅷ—111	滩羊皮鞣制工艺	山西省交城县
二、民俗（2 项）			
2	Ⅹ—71	柳林盘子会	山西省柳林县
3	Ⅹ—98	孝义贾家庄婚俗	山西省孝义市

表 5　吕梁市第四批国家级非物质文化遗产名录（共计 1 项）

（国发〔2014〕59 号）2014 年 11 月 11 日

序号	编号	项目名称	申报地区或单位
一、传统音乐（民间音乐）（1 项）			
1	Ⅴ—117	弹唱	山西省离石区

表 6　吕梁市第四批国家级非物质文化遗产扩展项目名录（共计 2 项）

（国发〔2014〕59 号）2014 年 11 月 11 日

序号	编号	项目名称	申报地区或单位
一、传统音乐（1 项）			
1	Ⅱ—37	临县大唢呐	山西省临县
二、传统美术（1 项）			
2	Ⅶ—53	面花（岚县面塑）	山西省岚县

表 7　吕梁市第五批国家级非物质文化遗产名录（共计 1 项）

（国发〔2021〕8 号）2021 年 05 月 24 日

序号	编号	项目名称	申报地区或单位
一、传统技艺（1 项）			
1	Ⅷ—265	葫芦制作技艺 （文水葫芦制作技艺）	山西省文水县

（二）在省级层面

山西省认真贯彻落实国务院办公厅意见，结合山西省非物质文化遗产保护实际，制定《山西省省级非物质文化遗产代表作申报评定暂行办法》。其中第三条中对申报项目应具备的标准做出明确规定，见下表：

表8　山西省省级非物质文化遗产代表作申报评定项目标准

一	扎根于相关社区的文化传统，世代相传，具有鲜明的地方特色；
二	具有促进本地区文化认同、增强社会凝聚力和社会稳定的作用，是文化交流的重要纽带；
三	出色地运用传统工艺和技能，体现出高超的水平；
四	具有见证中华民族活的文化传统的独特价值，同时因社会变革或缺乏保护措施而面临消失的危险。

自2006年至2023年5月，山西省依据上述标准已先后公布六批省级非遗名录及一批扩展项目名录，这是山西省非物质文化遗产保护工作的重大举措。吕梁市积极申报，经过专家严格评定，在六批省级名录及三批扩展名录中吕梁市入选69项。吕梁市省级非物质文化遗产名录及扩展名录如下：

表9　吕梁市第一批省级非物质文化遗产名录（共计3项）

（晋政发〔2006〕46号）2006年12月18日

序号	编号	项目名称	项目保护单位
一、民间手工技艺（2项）			
1	Ⅷ—9	交城琉璃咯嘣制作技艺	交城县传统玻璃工艺研究会
2	Ⅷ—15	汾阳王酒传统酿造工艺	山西省汾阳王酒业有限责任公司
二、民间音乐（1项）			
3		柳林弹唱	吕梁市柳林县文化馆

表 10　吕梁市第二批省级非物质文化遗产名录（共计 14 项）

（晋政发〔2009〕12 号）2009 年 4 月 24 日

序号	编号	项目名称	项目保护单位
一、民间文学（3 项）			
1	I—14	交城玄中寺"鸠鸽二仙"的传说	交城县人民文化馆
2	I—15	峪道河马跑神泉传说（汾阳）	山西神泉酒业有限公司
3	I—25	张四姐大闹温泉县的故事	交口县文化馆
二、传统音乐（1 项）			
4	II—11	文水桥头大鼓	文水县文化馆
三、传统体育、游艺与杂技（1 项）			
5	VI—2	文水长拳	文水县左家拳总会
四、传统戏剧（1 项）			
6	IV—7	汾孝秧歌	汾阳市韩家桥村孝义市传统文化研究会
五、民俗（2 项）			
7	X—11	交城卦山庙会	交城县人民文化馆
8	X—7	礼生唱祭文习俗	山西省柳林文化研究会
六、传统美术（2 项）			
9	VII—1	孝义剪纸	孝义市传统文化研究会
10	VII—3	孝义面塑	孝义市民间面塑艺术委员会
七、传统手工技艺（3 项）			
11	VIII—10	柳林碗团制作技艺	柳林县沟门前风味食品有限公司
12	VIII—11	汾州八大碗制作技艺	汾阳市丰泰苑酒店
13	VIII—12	卫生馆五香调料面制作技艺	交城县人民文化馆
八、传统医药（1 项）			
14	IX—1	竹叶青酒泡制技艺	杏花村汾酒集团

表 11　吕梁市第三批省级非物质文化遗产名录（共计 11 项）

（晋文发〔2011〕95 号）2011 年 6 月 11 日

序号	编号	项目名称	项目保护单位
一、民间文学（1 项）			
1	I—25	张四姐的故事	孝义市传统文化研究会
二、传统舞蹈（2 项）			
2	III—4	水船秧歌	柳林县柳林镇青龙社区文化活动中心
3	III—4	离石旱船秧歌	吕梁市离石区文化馆
三、传统戏剧（1 项）			
4	IV—8	兴县李家湾道情	吕梁市兴县人民文化馆
四、曲艺（2 项）			
5	V—7	临县三弦书	临县曲艺家协会
6	V—7	离石三弦书	吕梁市离石区文化馆
五、传统美术（1 项）			
7	VII—1	柳林剪纸	吕梁市柳林县民间剪纸协会
六、传统美术（1 项）			
8	VII—19	术雕（根雕）	吕梁市交口县文化馆
七、传统手工技艺（2 项）			
9	VII—74	德义园府酱制作技艺	山西德义园味业有限公司（汾阳）
10	VII—75	桑皮纸制作技艺	吕梁市柳林县孟门镇文化站
八、民俗（1 项）			
11	X—11	凤山庙会	吕梁市离石区文化馆

表12 吕梁市第四批省级非物质文化遗产名录（共计5项）

（晋政函〔2013〕123号）2013年12月3日

序号	编号	项目名称	项目保护单位
一、民间文学（1项）			
1	Ⅰ—50	汾州民间故事	汾阳市汾州文化研究会
二、传统音乐（4项）			
2	Ⅱ—34	文水马西铙	文水县马西铙艺术研究会
3	Ⅱ—35	碛口号子	临县碛口民间演艺有限公司
4	Ⅱ—36	吕梁民歌	吕梁市群众艺术馆
5	Ⅱ—37	汾阳围铙	汾阳市戏曲歌友协会

表13 吕梁市第四批省级非物质文化遗产名录扩展名录（共计5项）

序号	编号	项目名称	项目保护单位
一、传统音乐（1项）			
1	Ⅱ-9	晋北鼓吹（岚县八音）	岚县文化馆
二、传统美术（1项）			
2	Ⅶ-8	民间绣活（交口刺绣）	交口县雅汇刺绣专业合作社
三、传统技艺（3项）			
3	Ⅵ-14	蒸馏酒传统酿造技艺（羊羔酒传统酿造技艺）	山西羊羔酒业股份有限公司
4	Ⅶ-32	云香制作技艺	交城县鸿泽制香有限公司
5	Ⅷ-36	胡麻油传统手工压榨技艺	山西兴香缘粮油有限公司

表14 吕梁市第五批省级非物质文化遗产名录（共计12项）

（晋政函〔2017〕124号）2017年10月9日

序号	编号	项目名称	项目保护单位
一、传统音乐（1项）			
1	Ⅱ—42	武皇群锣	文水县武皇群锣艺术团

续表

序号	编号	项目名称	项目保护单位
二、传统体育、游艺与杂技（1项）			
2	Ⅵ—32	孝义秘传64式活步大架太极拳	孝义市广平太极拳研究会
三、传统美术（1项）			
3	Ⅶ—36	交城传统堆绫艺术	交城县旺英堆锦艺术制作有限公司
四、传统技艺（7项）			
4	Ⅷ—70	交城金银器制作技艺	交城县永德盛金属工艺品厂
5	Ⅷ—130	贤美牛肉传统加工技艺	山西贤美食业有限公司
6	Ⅷ—131	孝义插酥包子传统加工技艺	孝义市东兴帝豪酒店有限公司
7	Ⅷ—132	南曹村豆腐传统手工制作技艺	孝义市南曹村九州香豆制品有限公司
8	Ⅷ—162	文水县吴村烙画葫芦加工技艺	文水县石安葫芦种植加工协会
9	Ⅷ—163	汾阳核桃木雕家具传统制作技艺	汾阳文新木业有限公司
10	Ⅷ—164	柳编技艺（九枝社柳编传统手工制作技艺）	汾阳市九枝社柳编专业合作社
五、民俗（2项）			
11	Ⅹ—67	窜黄蛇	汾阳市后沟村九曲黄河阵组委会
12	Ⅹ—68	孝义市苏家庄村年俗	孝义市龙天民间年俗文化传承研究会

表 15　吕梁市第五批省级非物质文化遗产名录扩展名录（共计 3 项）

序号	编号	项目名称	项目保护单位
一、传统美术（2项）			
1	Ⅶ—2	刘家垣头木版年画	柳林县文化馆
2	Ⅶ—24	临县传统彩塑艺术	临县彩塑研学保护中心
二、传统技艺（1项）			
3	Ⅷ—4	兴县清泉醋传统酿制技艺	山西省清泉醋业有限公司（兴县）

表 16　吕梁市第六批省级非物质文化遗产名录（共计 5 项）

（晋政函〔2023〕45 号）2023 年 5 月 11 日

序号	编号	项目名称	项目保护单位
一、传统体育、游艺与杂技（1 项）			
1	Ⅵ—34	六合拳（汾阳六合拳）	汾阳市凌峰经济发展有限公司
二、传统美术（1 项）			
2	Ⅶ—43	葫芦雕刻（文水县葫芦雕刻）	文水县狄青文化传播有限公司
三、传统技艺（3 项）			
3	Ⅷ—173	土豆饭制作技艺	岚县马铃薯主粮化研发推广中心
4	Ⅷ—184	临县青塘"蜜浸大枣粽"制作技艺	临县青塘食品有限公司
5	Ⅷ—187	金银铜器修复技艺	交城县永德盛金属工艺品有限公司

表 17　吕梁市第六批省级非物质文化遗产名录扩展项目（共计 11 项）

序号	编号	项目名称	项目保护单位
一、民间文学（1 项）			
1	Ⅳ—1	杨家将传说	吕梁市柳林县
二、传统音乐（1 项）			
2	Ⅱ—12	方山唢呐	方山县鑫盛民俗文化有限公司
三、传统舞蹈（1 项）			
3	Ⅲ—4	秧歌（柳林鼓子秧歌）	柳林县黄河文化开发中心
四、传统戏剧（1 项）			
4	Ⅳ—1	晋剧	吕梁市青年晋剧院有限公司
五、传统美术（2 项）			
5	Ⅶ—7	建筑彩绘（古建壁画及彩绘）	山西丽彬文化传媒有限公司（文水）
6	Ⅶ—8	民间绣活（中阳绣品）	吕梁市中阳县

续表

序号	编号	项目名称	项目保护单位
六、传统技艺（5项）			
7	Ⅷ—14	燕馏酒传统酿造技艺（宗酒传统酿造工艺）	文水山西宗酒酒业有限公司
8	Ⅷ—26	核桃酪传统手工制作技艺	吕梁市宫廷御膳食品有限公司
9	Ⅷ—37	孝义碗团传统制作技艺	山西金圪达食品有限公司（孝义）
10	Ⅷ—86	文水县田七刀具制作技艺	文水县狄青文化传播有限公司
11	Ⅷ—162	烙画葫芦制作技艺（离石烙画葫芦制作技艺）	吕梁市离石区金卓艺烙画工作室

（三）在市级层面

吕梁市认真贯彻落实国务院办公厅《国务院办公厅关于加强我国非物质文化遗产保护工作的意见》，制订《吕梁市非物质文化遗产保护工作实施方案》，对市、县（市、区）文化主管部门对于组织申报、评审非物质文化遗产保护项目、认定保护单位和代表性传承人作出要求。

表18 山西省吕梁市市级非物质文化遗产代表性传承人评审程序

一	专家评审小组对入选名单评审，经专家评审小组成员过半数通过后形成初评意见
二	初评意见报评审委员会审议。评审委员会成员三分之二以上审议通过后提出推荐名单
三	市文化和旅游局对评审委员会提出的市级非遗代表性传承人推荐名单向社会公示，公示期为20日，公示后按程序报批市人民政府公布

（四）在县级层面

吕梁市各市、区、县积极开展非遗普查和申报工作，建立了县级非物质文化遗产名录。这些名录更加贴近基层，能够及时发现和保护那些即将消失或濒临失传的非遗项目，为它们提供及时的抢救性保护。在各县的实地走访中发现都没有具体的评审标准，大家的具体做法就是请本县非物质文化遗产专家来评审，但有非物质文化遗产代表性项目列入名录保护及代表性传承人的推荐认定行政确认运行流程图。以柳林县为例：

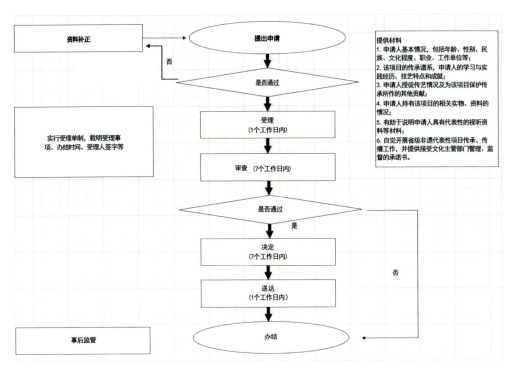

图 2　柳林县非物质文化遗产代表性项目列入保护名录及代表性传承人的推荐认定、
行政确认运行流程图

2007 年 12 月至 2024 年 3 月，柳林县依据《吕梁市非物质文化遗产代表作申报评定暂行办法》，组织各乡镇积极申报，经过专家严格评定，县级非物质文化遗产名录共 45 项，见下表：

表 19　柳林县非物质文化遗产保护名录

序号	级别	名称	类别	保护单位	公布时间
1	县级	高跷秧歌	民间舞蹈	柳林县文化馆	2007.12
2	县级	伞头秧歌	民间舞蹈	柳林县文化馆	2007.12
3	县级	三弦书	曲艺	柳林县文化馆	2007.12
4	县级	刺绣	民间美术	柳林县文化馆	2007.12
5	县级	柳林红枣加工技艺	民间手工技艺	三交镇文化站	2007.12
6	县级	清泉山的传说	民间文学	薛村文化站	2009.06

续表

序号	级别	名称	类别	保护单位	公布时间
7	县级	王老婆山的传说	民间文学	王家沟乡文化站	2009.06
8	县级	王旺山的传说	民间文学	成家庄文化站	2009.06
9	县级	三交拴马枣树与李闯王的传说	民间文学	三交镇文化站	2009.06
10	县级	打夯号子	民间音乐	柳林县文化馆	2009.06
11	县级	下柳林	民间音乐	柳林县文化馆	2009.06
12	县级	冉（陷）船秧歌	民间舞蹈	柳林县文化馆	2009.06
13	县级	赫氏形意拳	传统体育、竞技与游艺	孟门文化站	2009.06
14	县级	夹铁蛋	传统体育、竞技与游艺	柳林县文化馆	2009.06
15	县级	斗活龙	传统体育、竞技与游艺	柳林镇文化站	2009.06
16	县级	三交豆腐加工技艺	民间手工技艺	三交镇文化站	2009.06
17	县级	孟门熬制作技艺	民间手工技艺	孟门镇文化站	2009.06
18	县级	白玉饼	民间医药	柳林镇文化站	2009.06
19	县级	乌金散	民间医药	柳林镇文化站	2009.06
20	县级	柳林年俗（春节）	岁时节令	柳林县文化馆	2009.06
21	县级	清明节	岁时节令	柳林县文化馆	2009.06
22	县级	窑洞文化	消费习俗	柳林县文化馆	2009.06
23	县级	西局岔庙会	生产商贸习俗	柳林县文化馆	2009.06
24	县级	黄河渡口文化	生产商贸习俗	柳林县文化馆	2009.06
25	县级	应雨山传说	民间文学	李家湾乡文化站	2018.11
26	县级	柳林儿歌	民间文学	柳林县非遗保护协会	2018.11
27	县级	柳林民间吹奏	传统音乐	柳林县非遗保护协会	2018.11
28	县级	柳林竹马秧歌	传统舞蹈	柳林县非遗保护协会	2018.11
29	县级	柳林文昌秧歌	传统舞蹈	柳林县于成龙文化旅游发展有限责任公司	2018.11
30	县级	银器制作技艺	传统技艺	柳林县非遗保护协会	2018.11

续表

序号	级别	名称	类别	保护单位	公布时间
31	县级	柳林灌肠制作技艺	传统技艺	柳林县非遗保护协会	2018.11
32	县级	打麻绳技艺	传统技艺	柳林县非遗保护协会	2018.11
33	县级	食用油压榨技艺	传统技艺	柳林县于成龙文化旅游发展有限责任公司	2018.11
34	县级	虎羊棋	传统体育、竞技与游艺	柳林县佳艺虎羊棋经营部	2018.11
35	县级	香严寺庙会	民俗	柳林县香严寺管理组	2018.11
36	县级	石西琵琶庙会	民俗	柳林县文化馆	2018.11
37	县级	于家沟祭鱼拜祖习俗	民俗	柳林县于成龙文化旅游发展有限责任公司	2018.11
38	县级	柳林面塑	传统技艺	柳林县文化馆	2024.03
39	县级	穆村镇白氏纸扎制作技艺	传统技艺	柳林县文化馆	2024.03
40	县级	柳林枣木雕刻技艺	传统技艺	柳林县文化馆	2024.03
41	县级	柳林陶塑	传统技艺	柳林县文化馆	2024.03
42	县级	柳林管子	传统音乐	柳林县文化馆	2024.03
43	县级	柳林古建彩绘	传统美术	柳林县文化馆	2024.03
44	县级	薛王山长拳门	传统体育、竞技与游艺	山西省柳林县薛村镇薛王山村王家山股份经济合作社	2024.03
45	县级	曹家塔传统粉条	传统技艺	柳林文化研究会	2024.03

目前，吕梁晋中文化生态保护实验区有80%的非遗资源申报为各级非遗名录，有国家级非遗代表性项目9项、省级39项、市级79项、县级281项，形成了以国家级项目为龙头、省级项目为骨干、市县级项目为基础的四级非遗名录体系；有国家级非遗代表性项目代表性传承人7人、省级62人、市级131人、县级377人，形成了一个多层次、全方位的非物质文化遗产保护网络，为后续的保护、发展、传承、利用夯实了基础依据。

市县两级编辑出版《吕梁市晋中文化生态保护实验区非遗图典》《吕梁市非物质文化遗产荟萃》等非遗文化丛书 52 种、抢救性记录丛书 6 种。《孝义碗碗腔系列丛书》被列入省委宣传部重点图书扶持计划，并制作《孝义皮影木偶艺人口述史》《非遗传承人纪录片》等数字化保护产品 50 个。政府对濒危剧种等非物质文化遗产基本公共文化服务加大购买力度，组织开展濒危剧种抢救性保护和公益性演出活动。目前，濒危剧种年公益性演出 400 余场。

四、加大宣传力度，营造良好氛围

调动广大人民保护非物质文化遗产的积极性是一项系统性的工作，需要扩大宣传与影响。吕梁市利用文化馆、图书馆、美术馆、博物馆等公共文化场馆，开展非遗培训、展览、讲座和学术交流等活动。通过报刊、广播电视、互联网等多种媒体手段，多方位、全角度广泛开展非遗宣传，普及非遗保护知识，宣传非遗的保护意义和成功案例。通过各种渠道宣传和推广非遗文化，如吕梁日报晚报版开设的《多彩非遗》专栏、吕梁广播电视台的《守护非遗》专栏等，都有效地提高了公众对非遗文化的认识和关注度。结合晋中文化生态保护实验区创建，在《中国文化报》《文化月刊》《吕梁日报》刊发保护区创建成果文章，将在四县组织实施保护区标识标牌设立项目，极大地扩大了文化生态保护实验区的影响力。各县还编辑出版《文水非遗》《汾阳地秧歌教程》等晋中文化生态保护区丛书，印发《晋中文化生态保护实验区》宣传册、《山西省非物质文化遗产保护条例》宣传页，定做反映保护区非遗项目的扑克牌、抽纸、纸杯、旅游宣传指南等，有力地营造和促进了非遗传承保护的浓厚氛围。

五、保护实践中存在的问题

吕梁市非物质文化遗产保护工作已经开展近 18 年，在各级政府职能部门和相关学者、机构以及传承人的共同努力下，取得了一系列实践成果。但在具体实施中，保护工作也存在着一些问题。

（一）相关保护法律相对滞后

吕梁市制定出台了《吕梁市非物质文化遗产保护条例》《吕梁市非物质文化遗产代表性传承人认定与管理办法》等法律法规，但相对于非遗资源的丰富性和保护工作的复杂性，现行的法律法规可能还不够完善。在非遗保护的范围、保护措施等方面可能还存在一些模糊地带，导致保护工作在实施过程中遇到一定的困难。

非物质文化遗产保护的法律执行机制还有待加强。有效的执行机制是确保法律法规得以落实的关键，但在实际操作中，可能会存在一些执行不力的情况，影响了非遗保护工作的效果。随着社会的快速发展和全球化的冲击，非物质文化遗产保护面临着新的挑战。例如，非物质文化遗产的商业化利用日益增多，一些商家为了追求经济利益，可能滥用非物质文化遗产资源，使其失去原有的文化内涵和价值。这种情况也需要通过法律手段进行规范和约束。目前，我们还没有这样的法律对其进行保护。

（二）政府重视程度和支持力度有待进一步增强

从政府的角度来看，可能存在对非遗保护的认识性不足的问题。政府可能更多地关注非遗的经济价值，希望通过申遗来推动地区经济的发展，而忽视了对非遗文化内涵的保护。在采访柳林县国家级传承人贾金平（贾峰岳）时，他说政府仅下发国家提供的 2 万元传承费，其他方面没有提供相应支持，文化和旅游局工作人员虽然也定期上门调查，但并未提供专项帮扶，不了解传承人保护非遗的具体情况。笔者也采访了中阳剪纸国家级传承人王计汝同样的问题，答案如出一辙，说明吕梁市非物质文化遗产保护机构不太健全，政府也提供相关的政策支持，但对传承人的具体需要还并不完全清楚，这一点有待改进。同样，省级、市级政府也存在类似的问题。

（三）工作人员专业化程度偏低

就工作性质而言，非物质文化遗产保护属于专业性很强的工作，涉及面较广，如民俗学、民族学、文化学等领域，需要较扎实的专业知识。从工作内容讲，它主要指充分挖掘和抢救当地优秀的传统文化，做好保护和宣传工作，任务较繁重，也需要一定的专业技能。这就要求工作人员应具有相关的专业知识储备和业务素质。目前，吕梁市各级保护机构，尤其是基层保护机构的人员学历层次不高，具有相关专业背景的人数有限。这在非物质文化遗产宣传工作、档案建设中容易影响效率与质量，也会不同程度地制约保护与研究工作的深入开展。笔者走访了兴县、孝义市、中阳县等地，兴县非物质文化遗产管理股有 5 名工作人员，都为本科生，其中 2 名是艺术类相关专业毕业；中阳县非物质文化遗产管理与非物质文化保护中心属于两套系统一套工作人员，且工作人员仅有 1 名，是吕梁学院马克思主义学院毕业，专业根本不对口；孝义市非物质文化遗产保护中心工作人员有 3 名，是相关艺术类专业毕业的本科生。

专业工作人员的缺乏是全国非物质文化遗产保护工作中存在的共性问题，吕梁市也存在着同样的问题。基层保护机构专职专业人员数量不足、工作人员缺乏专业背景，势必会造成对非物质文化遗产概念、生态保护理论和方法以及重要性的认识局限，容易影响吕梁市非物质文化遗产保护工作的深入开展。这些问题已成为保护和传承工作取得更大进步的障碍性因素。

（四）群众保护意识薄弱

从吕梁市非物质文化遗产保护工作情况来看，各级政府部门起到了主导和引领作用，但社会大众的文化主体作用较欠缺，广大人民群众文化保护意识还需要进一步提高。

此数据来自我们在 2024 年 3 月所做的"吕梁市非物质文化遗产问卷调查"。这次调查为线上问卷，获得 1551 份有效问卷。为尽可能保证样本的全面性，问卷发给城市、农村的学生家长，还有在外工作、读书的吕梁人，所搜集数据相对准确、真实。

根据问卷调查数据可知，本题填写人次为 1551 人。在这 1551 人中，女性占比68.47%，男性占比 31.53%。可以看出，女性参与本次调查的人数明显多于男性。

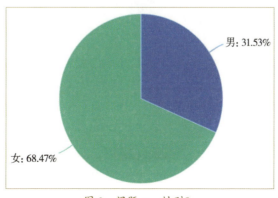

图 3 问题一：性别？

根据调查问卷数据显示，年龄在 13 岁 –24 岁的人数最多，占比为 52.73%；其次是 36 岁 –50 岁的人数，占比为 31.21%；25 岁 –35 岁的人数占比为 9.74%；51 岁以上的人数占比为 6.32%。可以看出，参与该单选题的人群年龄主要分布在 13 岁 –50 岁之间，其中以年龄较轻的人群为主要参与者。这表示受访者中年轻人占据多数，可能说明该调查更多地吸引了年轻人群体的关注或参与。

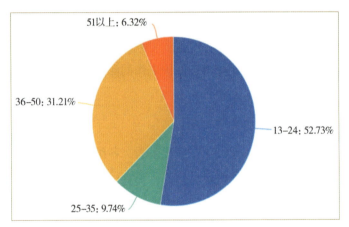

图 4　问题二：您的年龄？

据分析，其中本科学历的人数最多，占比 43%；其次是初中学历的，占比 31.4；高中学历的占比 16.51%；小学学历占比 4.13%；研究生学历的占比 4.96%。可以看出，本题的受众以本科学历的居多，而小学学历和研究生学历的人数相对较少。

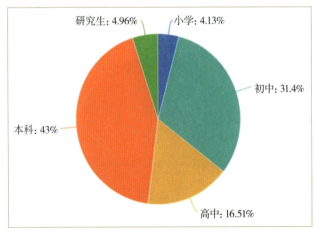

图 5　问题三：您的学历？

调查问卷样本大部分来自吕梁市 13 个县、市、区。其中柳林县的占比最高：从数据表格中可以看出，柳林县的选择人数最多，达到了 52.35%，远远超过其他县区，可能是因为柳林县的人口基数较大，或者受访者中柳林县的人较多。其次是离石区选择人数占比相对较高，占比为 15.47%，其他县区的选择人数占比都较低，大部分都在 1% 到 2% 之间。其中，兴县、岚县、方山县、中阳县、石楼县、交口县、交城县、文水县、临县的选择人数占比都在 1.5% 以下。

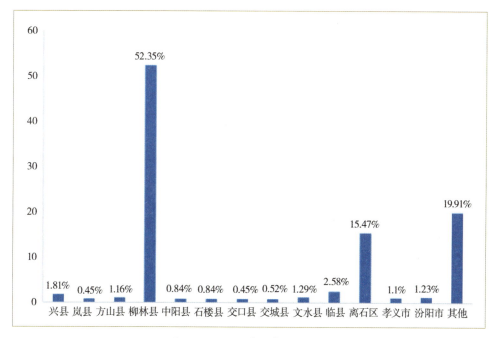

图 6　问题四：您所在的县区？

"其他"选项的占比不容忽视：在数据表格中，"其他"选项的选择人数占比达到了 19.91%，这是一个相对较高的比例。这可能是因为有些受访者的籍贯不属于吕梁市。

此次问卷调查有关民众保护意识的问题共有 7 个问题，具体问题及数据统计结果如下：

问题一结果分析：

在关于非物质文化遗产概念认知的调查中，我们可以看到大部分受访者

（72.72%）对非物质文化遗产有"大概了解"的认识，显示出非物质文化遗产在公众中的普及程度较高。然而，也有相当一部分受访者（16.38%）表示"不了解"非物质文化遗产的概念，表明在这一领域的普及教育仍有待加强。同时，仅有10.9%的受访者表示"很了解"非物质文化遗产，这说明尽管有一定的认知基础，但深入了解和专业知识仍然较为稀缺。因

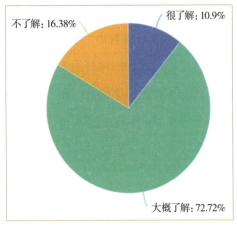

图7 问题一：您知道非物质文化遗产的概念吗？

此，对于非物质文化遗产的推广和教育，应继续加强，特别是在提高公众的深度了解和专业知识方面。

问题二结果分析：

根据给定的单选题数据表格显示，对于吕梁市非物质文化遗产的了解程度，超过半数的人（51.25%）表示只是一般了解，28.05%的人表示比较了解，6.77%的人表示很了解，而只有13.93%的人表示完全不了解。因此，大多数人对吕梁市非物

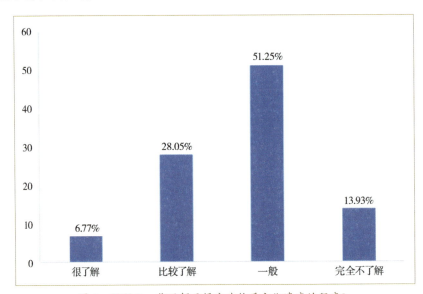

图8 问题二：您了解吕梁市非物质文化遗产的程度？

质文化遗产有一定的了解。

问题三结果分析：

　　根据数据表格显示，本次调查中，1551 人中有 646 人（约占 41.65%）知道中国的文化遗产日，而 905 人（约占 58.35%）不知道。

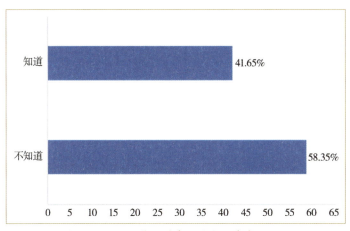

图 9　问题三：您知道中国的文化遗产日吗？

问题四结果分析：

　　根据数据表格，我们可以得出以下结论：

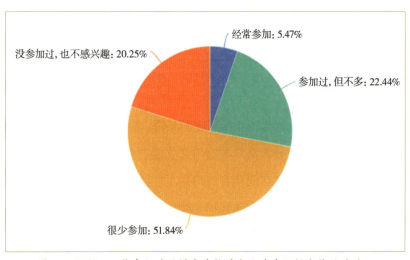

图 10　问题四：您参加过吕梁市非物质文化遗产保护宣传活动吗？

经常参加非物质文化遗产保护宣传活动的人数为 85 人，占有效填写人次的 5.47%；参加过非物质文化遗产保护宣传活动但不多的人数为 348 人，占有效填写人次的 22.44%；很少参加非物质文化遗产保护宣传活动的人数为 804 人，占有效填写人次的 51.84%；没参加过非物质文化遗产保护宣传活动，且对此也不感兴趣的人数为 314 人，占有效填写人次的 20.25%。通过对此题目所有数据的整体调查，可以发现，参加非物质文化遗产保护宣传活动的人数相对较少，大多数人很少或者没有参加过这类活动。这可能说明在吕梁市，市民对非物质文化遗产保护宣传活动的参与度较低，需要进一步加强宣传和推广工作，提高市民对非物质文化遗产保护的认知和兴趣。

问题五结果分析：

从提供的数据表格来看，吕梁市非物质文化遗产在受访者中的关注度呈现出积极的态势。首先，超过七成的受访者表示"碰到过，会关注"，这显示出大多数人对非物质文化遗产有一定的认知和兴趣。其次，约一成的人表示"很关注"，这部分

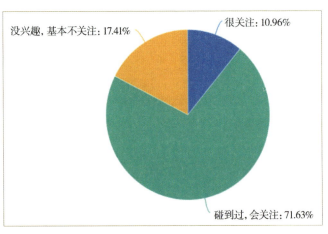

图 11　问题五：您关注吕梁市非物质文化遗产吗？

人群对非物质文化遗产有着更为浓厚的兴趣和热情。然而，也有近两成的人表示"没兴趣，基本不关注"，这部分人群对非物质文化遗产的认知和兴趣相对较低。整体来看，吕梁市非物质文化遗产在受访者中得到了广泛的关注和认知，但仍有一部分人群对其缺乏兴趣。因此，在推广和保护非物质文化遗产方面，可以进一步加强宣传和教育，提高公众对其的认知度和兴趣度。

问题六结果分析：

根据数据表格显示，对于吕梁市非物质文化遗产的价值和重要性的评价分布如下：

很重要，具有文化底蕴的选项得到了 805 人选择，占比 51.9%。重要，接近生活的选项得到了 528 人选择，占比 34.04%。一般，属于过去历史文化可有可无的选项得到了 179 人选择，占比 11.54%。不重要的选项得到了 39 人选择，占比 2.52%。大部分人认为吕梁市非物质文化遗产具有价值且重要性较高，其中有一部分人认为非物质文化遗产接近生活，反映了其与当地居民生活密切相关。少数人认为非物质文化遗产属于过去历史文化，可有可无。只有极少数人认为非物质文化遗产不重要。

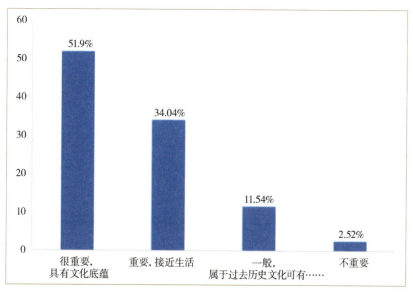

图 12　问题六：您认为吕梁市非物质文化遗产有价值，重要吗？

这些结果表明，吕梁市的非物质文化遗产在当地居民中具有较高的认可度和重要性，对于保护和传承吕梁市的非物质文化遗产具有积极意义。

问题七结果分析：

在本题中，共有 1551 人填写。其中，73.44% 的人认为保护非物质文化遗产非常有意义，象征着文化软实力；18.38% 的人认为先发展经济，然后再保护这些文化；6.18% 的人认为意义不大，应重视当代文化；2% 的人认为没有意义。因此，大多数人都认为保护非物质文化遗产有意义，其中以"非常有意义，象征着文化软实力"这一选项的比例最高。

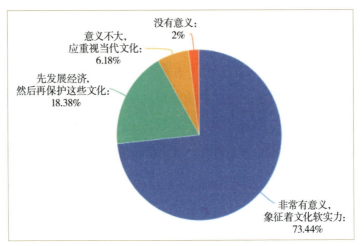

图 13 问题七：您认为保护非物质文化遗产有意义吗？

从以上问卷调查可知，被调查对象较为广泛，为包括农民、工人、学生、公务员以及事业单位工作人员在内的广大人民群众。通过相关统计数据分析可见，吕梁市民众对吕梁市非物质文化遗产的了解程度、关注度、参与度都偏低，对吕梁市非物质文化遗产保护工作的重要性认识模糊。这也从侧面反映出吕梁市对相关的宣传教育工作任重而道远，吕梁市民众自觉保护意识尚需进一步提高。

（五）保护资金来源单一

从性质上看，非物质文化遗产保护工作不仅是单个群体和个人利益的实现，更是政府行使公共文化服务职能的重要体现，是社会公益文化事业的重要组成部分[①]，具有明显的公益性。为了支持各省市文化保护事业，国家每年向全国各省、自治区、直辖市下拨非物质文化遗产保护专项资金。2017 年，中华人民共和国财政部向山西省拨款 3551 万元为非物质文化遗产保护专项资金[②]，上述 3351 万元款

---

① 王文章主编：《非物质文化遗产概论》，第 316 页，教育科学出版社，2013。

② 中华人民共和国财政部：《财政部关于下达 2017 年非物质文化遗产保护专项资金的通知（财文〔2017〕57 号）》，2017 年 6 月 13 日，中华人民共和国中央人民政府网，http://jkw.mof.gov.cn/zxzyzf/fwzwhycbhzxzj/201907/t20190715_3300427.htm，2017 年 7 月 4 日。

项拨入吕梁市 265 万元，另山西省单独再给吕梁市拨款 16 万元；2018 年 6 月，中华人民共和国财政部向山西省拨款 4040 万元为非物质文化遗产保护专项资金[1]，上述 4040 万元款项拨入吕梁市 260 万元，另山西省单独再给吕梁市拨款 19.73 万元；2018 年 10 月，中华人民共和国财政部提前下达 2019 年非物质文化遗产保护专项资金 3685 万元[2]，上述 3685 万元款项拨入吕梁市 297 万元，另山西省单独再给吕梁市拨款 48.1 万元；2019 年 10 月，中华人民共和国财政部提前下达 2020 年非物质文化遗产保护专项资金 3133 万元[3]，上述 3133 万元款项拨入吕梁市 174 万元，另山西省单独再给吕梁市拨款 55 万元；2021 年，中华人民共和国财政部向山西省拨款 2638 万元为非物质文化遗产保护专项资金[4]，上述 2683 万元款项拨入吕梁市 124 万元，另山西省单独再给吕梁市拨款 68.9 万元；2022 年，中华人民共和国财政部向山西省拨款 2702 万元为非物质文化遗产保护专项资金[5]，上述 2702 万元款项拨入吕梁市 279 万元，另山西省单独再给吕梁市拨款 88.9 万元；2022 年 10 月，中华人民共和国财政部提前下达 2023 年非物质文化遗产保护专项资金 2579 万元[6]，上述 2579 万元款项拨入吕梁市 293 万元，另山西省单独再给吕梁市拨款 54.6 万元。

---

[1]　中华人民共和国财政部：《财政部关于下达 2018 年非物质文化遗产保护专项资金的通知（财文〔2018〕50 号）》，2018 年 6 月 14 日，中华人民共和国中央人民政府网，http://jkw.mof.gov.cn/zxzyzf/fwzwhycbhzxzj/201907/t20190715_3300430.htm，2018 年 6 月 26 日。

[2]　中华人民共和国财政部：《财政部关于提前下达非物质文化遗产保护专项资金 2019 年预算指标的通知（财文〔2018〕119 号）》，2018 年 10 月 31 日，中华人民共和国中央人民政府网，http://jkw.mof.gov.cn/zxzyzf/fwzwhycbhzxzj/201907/t20190715_3300432.htm，2018 年 11 月 7 日。

[3]　中华人民共和国财政部：《财政部关于提前下达非物质文化遗产保护专项资金 2020 年预算指标的通知（财教〔2019〕189 号）》，2019 年 10 月 31 日，中华人民共和国中央人民政府网，http://jkw.mof.gov.cn/zxzyzf/fwzwhycbhzxzj/201911/t20191126_3429652.htm，2019 年 10 月 31 日。

[4]　中华人民共和国财政部：《财政部关于下达 2021 年非物质文化遗产保护资金的通知（财教〔2021〕61 号）》，2021 年 4 月 9 日，中华人民共和国中央人民政府网，http://jkw.mof.gov.cn/zxzyzf/fwzwhycbhzxzj/202105/t20210531_3711970.htm，2021 年 4 月 16 日。

[5]　中华人民共和国财政部：《财政部关于下达 2022 年非物质文化遗产保护资金的通知（财教〔2022〕86 号）》，2022 年 4 月 8 日，中华人民共和国中央人民政府网，http://jkw.mof.gov.cn/zxzyzf/fwzwhycbhzxzj/202204/t20220429_3807750.htm，2022 年 4 月 22 日。

[6]　中华人民共和国财政部：《关于提前下达 2023 年国家非物质文化遗产保护资金预算的通知（财教〔2022〕216 号）》，2022 年 10 月 26 日，中华人民共和国中央人民政府网，http://jkw.mof.gov.cn/zxzyzf/fwzwhycbhzxzj/202211/t20221118_3852213.htm，2022 年 11 月 11 日。

这些经费的投入，对吕梁市非物质文化遗产保护工作的开展起到有效的资金保障作用。

随着国家非物质文化遗产保护工作的开展，吕梁市地方的资金也逐年投入，按照国家政策要求，吕梁市逐步将非物质文化遗产保护工作纳入国民经济和社会发展规划，每年有专项拨款用于普查、名录体系建设及抢救保护等工作，并将保护经费列入市财政预算，从 2018 年开始所拨款项数目具体为：2018 年安排非遗项目专项经费 150 万元；2019 年安排非遗项目专项经费 143 万元；2020 年从旅游事业宣传与发展经费中支出非遗项目经费 151 万元；2021 年从旅游事业宣传与发展经费中支出非遗项目经费 236 万元；2022 年从旅游事业宣传与发展经费中支出非遗项目经费 191 万元；2023 年从旅游事业宣传与发展经费中支出非遗项目经费 336 万元。（此数据来源于吕梁市财政局）

吕梁市拥有丰富的非物质文化遗产，生态环境却十分脆弱，非物质文化遗产保护工作十分繁重，市财政局和地方保护资金虽每年持续投入，但经费总量与不断增加的各级非物质文化遗产代表性项目和代表性项目实际传承人数量及其濒危程度相比，仍显单薄。

（六）专业研究力量不足

在当前的文化遗产保护与发展大潮中，吕梁市面临着非物质文化遗产专业研究力量不足的严峻问题。这不仅影响了非物质文化遗产的深入挖掘与传承，也制约了其在现代社会中的创新与发展。具体体现在：

专业人才匮乏：非物质文化遗产的研究需要专业的知识和技能，而目前吕梁市在这方面的专业人才相对匮乏。一方面，由于地理位置和经济发展水平等因素，吕梁市在吸引和培养专业人才方面存在一定的困难。许多优秀的文化遗产研究人才更倾向于前往大城市或发达地区发展，导致吕梁市的专业研究力量相对薄弱。另一方面，吕梁市在非物质文化遗产研究领域的投入也相对有限，缺乏对专业人才的有效激励机制，进一步加剧了人才流失的问题。

研究机构和平台不足：吕梁市在非物质文化遗产研究机构和平台建设方面也存在明显不足。目前，吕梁市缺乏专门的非物质文化遗产研究机构，难以为专业研究人员提供良好的工作环境和研究条件。同时，由于缺乏有效的合作与交流平台，研究人员之间的信息交流与合作受到限制，难以形成合力推动非物质文化遗产的深入研究。

科研投入有限：科研投入是提升非物质文化遗产研究力量的重要保障。然而，吕梁市在这方面的投入相对有限。由于缺乏足够的科研资金支持，许多有价值的研究项目难以开展，制约了非物质文化遗产研究的深入进行。此外，科研设备的更新和升级也面临资金困境，影响了研究工作的效率和质量。

社会认知度和参与度不高：非物质文化遗产的保护与传承需要全社会的共同参与。然而，目前吕梁市在非物质文化遗产方面的社会认知度和参与度还有待提高。许多民众对非物质文化遗产的价值和意义认识不足，缺乏参与保护和传承的积极性和动力。这也在一定程度上影响了专业研究力量的壮大和发展。

针对以上问题，吕梁市需要采取一系列措施来加强非物质文化遗产专业研究力量。首先，应加大对专业人才的引进和培养力度，通过优化人才政策、提高待遇等方式吸引更多优秀人才投身非物质文化遗产研究工作。其次，要加强研究机构和平台建设，为研究人员提供良好的工作环境和条件，促进信息交流与合作。同时，还应增加科研投入，为有价值的研究项目提供资金支持，推动非物质文化遗产研究的深入进行。最后，要提高全社会对非物质文化遗产的认知度和参与度，增强民众的保护意识，形成全社会共同参与的良好氛围。

学术研究整体层次不高。从近年来发表的关于吕梁非物质文化遗产的论文来看，整体深度研究的学术论文、研究专著数量很有限。笔者选取孝义皮影戏、中阳剪纸、柳林盘子等吕梁非物质文化遗产相关研究成果进行分析。

2020年4月12日，在中国知网上采用模糊检索方式，笔者通过向不同板块输入主题为"孝义皮影"查询相关研究论文，得到如下结果：1.学术期刊论文37篇；2.硕士学位论文19篇；3.报纸论文7篇；4.会议板块论文5篇。

在中国知网上采用模糊检索方式，笔者通过向不同板块输入主题为"中阳剪纸"查询相关研究论文，得到如下结果：1.学术期刊论文18篇；2.硕士学位论文12篇；3.报纸论文9篇；4.会议板块论文1篇。

在中国知网上采用模糊检索方式，笔者通过向不同板块输入主题为"柳林盘子"查询相关研究论文，得到如下结果：1.学术期刊论文 13 篇；2.硕士学位论文 11 篇。

2024 年 4 月 13 日，采取同样方式得到"孝义皮影"相关结果：1.学术期刊论文 55 篇；2.硕士学位论文 36 篇；3.报纸论文 11 篇；4.会议板块论文 5 篇。

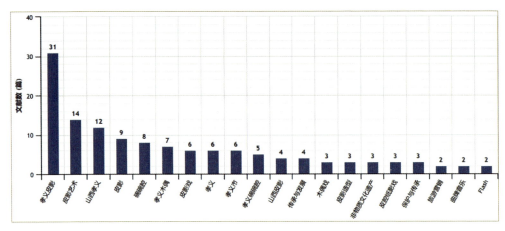

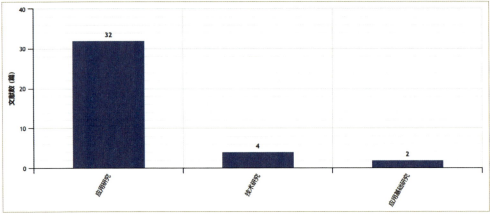

图 14　采用模糊检索方式统计图（中国知网）

同一时间，采取同样方式得到"中阳剪纸"相关结果：1.学术期刊 30 篇；2.硕士学位论文 16 篇；3.报纸 10 篇；4.会议板块 2 篇。

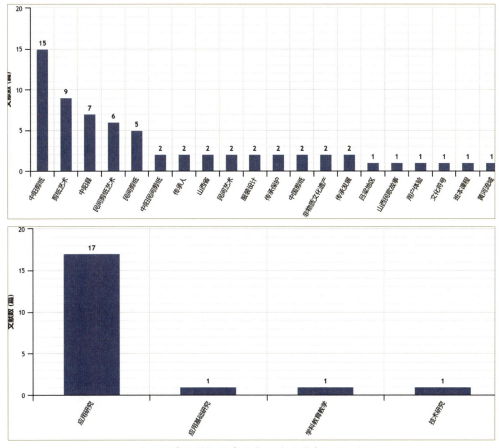

图 15　采用模糊检索方式统计图（中国知网）

采取同样方式得到"柳林盘子"相关结果：1. 学术期刊 16 篇；2. 硕士学位论文 16 篇；3. 报纸 2 篇。

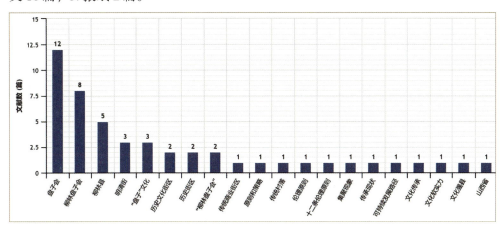

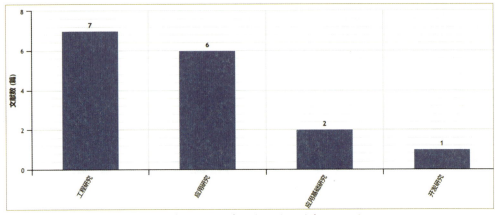

图 16　采用模糊检索方式统计图（中国知网）

这些数据显示目前吕梁非物质文化遗产研究论文的总量较不充分，且近 2 年来增长较不明显。通过中国知网"计量可视化分析"知，这些论文创新性及研究深度不足，存在理论研究与保护实践相脱节的倾向，较高水平的研究成果还不够丰富。

第二节　传承现状：机制、传承人与挑战

一、传承人的认定与培养

（一）建立传承人命名制度

非物质文化遗产对人的特殊依赖性，肯定了传承人突出的作用与价值。传承人是文化遗产的直接承载者，是文化遗产传承的原动力。为发挥他们在保护工作中的主体力量，建立传承人名录保护制度至关重要。

建立传承人命名制度，对符合条件的传承人进行认定和命名，赋予其传承非遗的权利和义务，对于文化的持续传承、社会的发展以及个体权益的保障都具有深远的意义。从宏观上讲，可以确保文化遗产和技艺能够有序、持续地传递下去，体现对文化传承人的尊重和认可，提升整个社会对传统文化价值的认识和重视。政府通过制定相关法规和政策，为文化传承提供法律层面的支持和保护，为传统技艺的延

续创造有利环境，促进文化产业的发展，带动与文化相关的经济活动，实现经济与文化的双赢，提升国家的文化软实力和国际影响力。从微观角度讲，可以保障个体传承人的知识产权和经济利益，让他们的劳动成果得到应有的回报。通过明确的传承制度和保护管理办法，可以确保技艺在代际间的精准传递，减少因误解或遗漏而造成的技艺失真。有了法律和政策的支持，传承人会更加积极地投身于技艺的传承和创新。在保护传统的同时，这样的制度也鼓励传承人在继承的基础上进行创新，使传统文化焕发新的生命力。

依据《国家级非物质文化遗产项目代表性传承人认定与管理暂行办法》（中华人民共和国文化部令〔第45号〕），在各省认定传承人的基础上，2007年6月5日，公布第一批国家级非物质文化遗产项目代表性传承人共226人，吕梁市入选1人。[1]2008年1月26日，公布第二批国家级非物质文化遗产项目代表性传承人共551人，吕梁市入选6人。[2]2009年5月26日，公布第三批国家级非遗传承人（文非遗发〔2009〕6号）共711人，吕梁市入选3人。[3]2012年12月20日，公布第四批国家级非遗传承人（文非遗发〔2012〕51号）共498人，吕梁市入选1人。[4]2018年5月8日，公布第五批国家级非遗传承人（文旅非遗发〔2018〕8号）共1082人，吕梁市入选4人。[5]

截至2023年3月16日，吕梁市拥有国家级代表性传承人17人，现3人已去世。

[1] 中华人民共和国文化部：《文化部关于公布第一批国家级非物质文化遗产代表性项目传承人的通知》，2007年6月5日，中华人民共和国文化部网，https://zwgk.mct.gov.cn/zfxxgkml/fwzwhyc/202012/t20201206_918619.html，2007年6月8日。

[2] 中华人民共和国文化部：《文化部关于公布第二批国家级非物质文化遗产代表性项目传承人的通知》，2008年1月26日，中华人民共和国文化部网，https://zwgk.mct.gov.cn/zfxxgkml/fwzwhyc/202012/t20201206_918614.html，2008年2月18日。

[3] 中华人民共和国文化部：《文化部关于公布第三批国家级非物质文化遗产代表性项目传承人的通知》，2009年5月26日，中华人民共和国文化部网，https://zwgk.mct.gov.cn/zfxxgkml/fwzwhyc/202012/t20201206_916804.html，2009年5月26日。

[4] 中华人民共和国文化部：《文化部关于公布第四批国家级非物质文化遗产代表性项目传承人的通知》，2012年12月20日，中华人民共和国文化部网，https://zwgk.mct.gov.cn/zfxxgkml/fwzwhyc/202012/t20201206_916825.html，2012年12月21日。

[5] 中华人民共和国文化和旅游部：《文旅部关于公布第五批国家级非物质文化遗产代表性项目传承人的通知》，2018年5月8日，中华人民共和国文化和旅游部网。

吕梁市 17 位国家级传承人分布于《国家非物质文化遗产》七大类别（民间音乐属于传统音乐），最多为传统戏剧 7 人，其次为传统手工技艺、民俗、传统美术各 2 人，民间美术、民间音乐、传统音乐、传统舞蹈各 1 人。名单及数量统计如下：

表 20　吕梁市国家级非物质文化遗产代表性项目代表性传承人名单（17 人）

序号	姓名	性别	出生年月	项目名称	所属类别
1	王计汝	女	1948.02	中阳剪纸	民间美术（1 人）
2	郭双威	男	1949.03	杏花村汾酒酿制技艺	传统手工技艺（2 人）
3	张晓春	男	1968.03	滩羊皮鞣制技艺	
4	梁全民（去世）	男	1932.12	孝义皮影戏	传统戏剧（7 人）
5	田学思	男	1944.01	孝义碗碗腔	
6	李世伟	男	1949.08	孝义皮影戏	
7	张建琴	女	1959.01	孝义碗碗腔	
8	张瑞锋	男	1964.01	临县道情	
9	任林林	女	1969.02	临县道情	
10	武兴	男	1951.04	孝义木偶戏	
11	武济文	男	1952.09	文水钑子	民间音乐（1 人）
12	白有厚（去世）	男	1946.06	元宵节柳林盘子会	民俗（2 人）
13	贾峰岳	男	1958.09	元宵节柳林盘子会	
14	李成秀（去世）	女	1941	面花（岚县面塑）	传统美术（2 人）
15	袁建花	女	1964	面花（岚县面塑）	
16	刘晓弘	男	1966.01	临县大唢呐	传统音乐（1 人）
17	李长喜	男	1954.06	秧歌（汾阳地秧歌）	传统舞蹈（民间舞蹈）（1 人）

2008 年 6 月，山西省公布第一批省级非物质文化遗产项目代表性传承人（晋文发〔2008〕51 号）109 人，吕梁市入选 7 人。2009 年 5 月，山西省公布第二批省级非物质文化遗产项目代表性传承人（晋文发〔2009〕61 号）119 人，吕梁市

入选 8 人。2011 年 12 月，山西省公布第三批省级非物质文化遗产项目代表性传承人（晋文发〔2011〕95 号），吕梁市入选 19 人。2015 年 8 月，山西省公布第四批省级非物质文化遗产项目代表性传承人（晋文办发〔2015〕85 号）196 人，吕梁市入选 19 人。[1] 2019 年 10 月，山西省公布第五批省级非物质文化遗产项目代表性传承人（晋文旅发〔2019〕169 号）294 人，吕梁市入选 23 人。[2] 2023 年 10 月，山西省公布第六批省级非物质文化遗产代表性项目代表性传承人（晋文旅办发〔2023〕87 号）318 人，吕梁市入选 36 人。[3]

吕梁市 112 位省级传承人分布于《国家非物质文化遗产》十大类别，最多为传统美术 26 人，其次为传统戏剧 21 人，传统技艺 20 人，传统音乐 14 人，传统舞蹈 11 人，民俗 8 人，曲艺 5 人，传统体育、游艺与杂技 3 人，民间文学、传统医药各 2 人。名单及数量统计如下：

表 21　吕梁市省级非物质文化遗产代表性项目代表性传承人名单（112 人）

序号	姓名	性别	出生年月	项目	所属类别
1	李玉明	男	1964.01	文水鈲子	
2	李竹林	男	1962.09	文水鈲子	
3	武荣华	男	1979.01	文水鈲子	
4	郭三奴	男	1954.06	晋北鼓吹（岚县八音）	
5	刘　毅	男	1988.11	临县大唢呐	传统音乐（14 人）
6	马德旺	男	1942.11	文水桥头大鼓	
7	邢振业	男		福胜锣鼓	
8	李　富	男	1952.08	文水马西铙	

---

① 省级第一批到第四批文件未在网上公布，相关数据由编者前往吕梁市文化和旅游局查阅资料所得。

② 山西省文化和旅游厅：《山西省文化和旅游厅办公室关于公布第五批省级非物质文化遗产代表性项目代表性传承人的通知》，2019 年 10 月 14 日，山西省文化和旅游厅网：https://wlt.shanxi.gov.cn/xwzx/tzgg/202110/t20211021_2785718.shtml，2019 年 10 月 14 日。

③ 山西省文化和旅游厅：《山西省文化和旅游厅办公室关于公布第六批省级非物质文化遗产代表性项目代表性传承人的通知》，2023 年 10 月 27 日，山西省文化和旅游厅网。

续表

序号	姓名	性别	出生年月	项目	所属类别
9	刘桂莲	女	1960.12	吕梁民歌	
10	渠建伟	男	1987.06	临县大唢呐	
11	郭履录	男	1948.10	汾阳围锅	
12	王侯牛	男		方山唢呐吹奏	
13	李世喜	男	1956.07	碛口号子	
14	孙建业	男		文水桥头大鼓	
15	武海棠	男		孝义皮影戏	
16	任学谦	男	1955.04	孝义碗碗腔	
17	田新益	男		孝义木偶戏	
18	武俊礼	男	1951.04	孝义木偶戏	
19	武永虎	男	1938.06	汾孝秧歌	
20	王付全	男	1936.11	兴县道情	
21	侯建川	男	1961.11	孝义皮影戏	
22	梁治珠	男	1963.12	孝义碗碗腔	传统戏剧（21人）
23	郝凤莲	女	1958.05	孝义木偶戏	
24	吴瑞青	女	1968.03	孝义木偶戏	
25	张锐丰	男	1951.04	秧歌戏（孝义秧歌）	
26	马世明	男	1966.02	皮影戏（孝义皮影戏）	
27	李香勤	女	1973.04	临县道情戏	
28	贺桂芳	女	1965.02	临县道情戏	
29	马少昇	男	1942.01	临县道情戏	
30	陈爱萍	女	1964.02	汾孝秧歌（孝义秧歌）	
31	冯万龙	男	1955.04	汾孝秧歌（孝义秧歌）	
32	杨如香	女	1957.05	汾孝秧歌（孝义秧歌）	
33	侯孝娥	女	1962.07	孝义皮影戏	

续表

序号	姓名	性别	出生年月	项目	所属类别
34	穆正平	男	1959.08	孝义皮影戏	
35	梁桂星	女	1967.04	晋剧	
36	贺升亮	男	1963.05	秧歌（临县伞头秧歌）	传统舞蹈（11人）
37	郭丕汉	男	1940.07	秧歌（临县伞头秧歌）	
38	何守法	男	1944.04	秧歌（汾阳地秧歌）	
39	王秉贵	男	1952.04	水船秧歌	
40	张金生	男	1965.07	临县伞头秧歌	
41	范俊娥	女	1954.04	秧歌（旱船秧歌）	
42	武玉花	女	1957.03	离石旱船秧歌	
43	张利平	女	1975.04	柳林水船秧歌	
44	弓艳花	女		汾阳地秧歌	
45	贾立峰	男	1965.10	汾阳地秧歌	
46	高艳明	男	1974.11	临县伞头秧歌	
47	王兴地	男		柳林盘子会（含弹唱）	民俗（8人）
48	侯兆勋	男	1933.11	汉民族贾家庄婚俗	
49	燕福金	男	1941.05	汉民族贾家庄婚俗	
50	陈晓亮	男	1978.04	柳林盘子会	
51	贾玉萍	男	1961.01	柳林盘子会	
52	王正杰	男	1955.10	孝义贾家庄婚俗	
53	杨建文	男	1958.01	礼生唱祭文习俗	
54	武克强	男	1955.12	孝义市苏家庄年俗	
55	任化清	男	1950.04	张四姐的故事	民间文学（2人）
56	刘瑞祥	男	1945.07	汾州民间文学	
57	段改芳	女	1941.09	中阳剪纸	传统美术（26人）
58	武一生	男		中阳剪纸	

续表

序号	姓名	性别	出生年月	项目	所属类别
59	武玉莲	女	1947.06	孝义剪纸	
60	郭润芝	女	1969.04	孝义剪纸	
61	文玉贵	男	1948.09	根雕	
62	景文郁	男	1945.11	根雕	
63	刘桂兰	女	1940.08	剪纸（柳林剪纸）	
64	李前凤	女	1938.03	剪纸（孝义剪纸）	
65	崔春梅	女	1960.01	剪纸（中阳剪纸）	
66	王春秀	女	1957.04	剪纸（中阳剪纸）	
67	赵宝香	女	1952.05	孝义剪纸	
68	白奴心	女	1954.05	柳林刘家圪头木版年画	
69	秦清平	男	1966.02	临县传统彩塑艺术	
70	解爱英	女	1959.09	交城传统堆绫艺术	
71	秦建华	男	1991.04	临县传统彩塑	
72	高翠珍	女	1960.06	柳林民间剪纸	
73	张全龙	男		建筑彩绘（古建壁画及彩绘）	
74	赵全莲	女	1952.06	孝义面塑	
75	刘文萍	女	1974.01	中阳剪纸	
76	邢建红	女	1973.02	中阳民间绣品	
77	刘丽丽	女	1985.09	面花（岚县面塑）	
78	刘四连	女	1970.07	面花（岚县面塑）	
79	王冬梅	女	1975.10	面花（岚县面塑）	
80	赵军连	女	1980.11	面花（岚县面塑）	
81	张姣丽	女	1988.11	交城传统堆绫艺术	
82	李晓斌	男	1984.04	刀刻彩绘葫芦画传统制作技艺	
83	霍永健	男	1955.05	杏花村汾酒酿制技艺	传统技艺（20人）

续表

序号	姓名	性别	出生年月	项目	所属类别
84	王再武	男	1961.05	汾阳王酒传统酿造工艺	
85	贾旭东	男	1967.11	柳林碗团传统技艺	
86	孙　淼	男	1961.05	汾州八大碗制作技艺	
87	蔚林生	男		交城卫生馆五香调料面制作技艺	
88	冯宝山	男		桑皮纸制作技艺	
89	白海云	男	1981.07	胡麻油传统手工压榨技艺	
90	李秋喜	男	1960.11	汾酒酿造技艺	
91	米鸿德	男	1964.03	云香制作技艺	
92	蔚　鸣	男	1988.06	交城卫生馆五香调料面制作技艺	
93	韩维义	男	1945.01	贤美牛肉传统技工技艺	
94	郭守云	男	1951.08	南曹村豆腐传统手工制作技艺	
95	田永文	男		文水田氏刀具传统制作技艺	
96	韩建义	男	1972.03	汾州八大碗制作技艺	
97	韦文新	女		汾阳核桃木雕家具传统制作技艺	
98	张海应	男	1971.06	离石烙画制作技艺	
99	杨德富	男	1965.11	金银器制作技艺	
100	杨德贵	男	1970.08	交城金银铜器修复技艺	
101	薛改莲	女	1957.11	文水县吴村烙画葫芦加工技艺	
102	左杏春	男	1974.06	杏花村汾酒酿制技艺	
103	张林峰	男	1980.01	临县三弦书	
104	刘志强	男	1964.02	离石弹唱	
105	高秋莲	女	1963.09	离石弹唱	曲艺（5人）
106	薛卫滨	男	1983.04	临县三弦书	
107	康云祥	男	1946.08	临县三弦书	

续表

序号	姓名	性别	出生年月	项目	所属类别
108	王永耀	男	1976.10	孝义秘传64式活步大架太极拳	传统体育、竞技与游艺（3人）
109	张建强	男	1964.09	文水长拳	
110	左双牛	男	1958.10	文水长拳	
111	郝持胜	男	1967.06	竹叶青酒泡制技艺	传统医药（2人）
112	王如峰	男	1971.10	竹叶青酒泡制技艺	

2010年9月，吕梁市公布首批市级非物质文化遗产项目代表性传承人（吕政办函〔2010〕107号）40人。2011年12月，吕梁市公布第二批市级非物质文化遗产项目代表性传承人（吕政办函〔2011〕110号）47人。2013年1月，吕梁市公布第三批市级非物质文化遗产项目代表性传承人（吕政办函〔2013〕1号）36人。2015年1月，吕梁市公布第四批市级非物质文化遗产项目代表性传承人（吕政办函〔2015〕3号）33人。2017年3月，吕梁市公布第五批市级非物质文化遗产项目代表性传承人（吕政办函〔2017〕12号）34人。[1]2018年12月，吕梁市公布第六批市级非物质文化遗产项目代表性传承人（吕政函〔2018〕102号）54人。[2]2021年4月，吕梁市公布第七批市级非物质文化遗产项目代表性传承人（吕政办函〔2021〕27号）76人。[3]2023年3月，吕梁市公布第八批市级非物质文化遗产项目代表性传承人（吕政办函〔2023〕19号）94人。[4]根据以上文件，吕梁市现有市级传承人414位（除去后来成为国家级和省级的传承人，市级传承人还有316位），分布于《国家非物质文化遗产》十大类别，最多为传统技艺76人，其次为传统美

---

[1] 市级第一批到第五批文件未在网上公布，相关数据由编者前往吕梁市文化和旅游局查阅资料所得。

[2] 吕梁市人民政府：《吕梁市人民政府关于公布第十批市级非物质文化遗产项目名录及第六批市级非物质文化遗产项目代表性传承人的通知》，2018年12月6日，兴县人民政府网。

[3] 吕梁市人民政府：《吕梁市人民政府关于公布第十一批市级非物质文化遗产项目名录及第七批市级非物质文化遗产项目代表性传承人的通知》，2021年4月28日，吕梁市人民政府网。

[4] 吕梁市人民政府：《吕梁市人民政府关于公布第十二批市级非物质文化遗产项目名录及第八批市级非物质文化遗产项目代表性传承人的通知》，2023年3月16日，吕梁市人民政府网。

术 72 人，传统舞蹈、传统戏剧各 40 人，传统音乐 26 人，民俗 22 人，传统医药 15 人，传统体育、游艺与杂技 10 人，民间文学 8 人，曲艺 7 人。名单及数量统计如下：

表 22　吕梁市市级非物质文化遗产代表性项目代表性传承人名单（316 人）

序号	姓名	性别	出生年月	项目名称	类别
1	任广生	男		张四姐大闹温阳县	民间文学（8 人）
2	高云河	男	1956.03	跑马神泉的传说	
3	张德禄	男	1961.02	张四姐大闹温泉镇	
4	杨富平	男	1958.04	杨家将传说	
5	车还元	男		北武当山传说	
6	李旺山	男	1946.06	北武当山传说	
7	丁茂堂	男		岚县黑狗的传说	
8	王德成	男		方山北武当山传说	
9	张德亮	男	1949.11	中阳民间弹唱	传统音乐（26 人）
10	薛智平	男	1962.03	民间弹唱	
11	张湘泉	男	1956.01	交口八音会	
12	郭新元	男		岚县八音会	
13	任永忠	男	1949.09	武皇群锣	
14	弓裕有	男	1954.05	石楼度王道场音乐	
15	邸建峰	男		岚县民间八音	
16	李美琴	女	1959.04	汾阳围铙	
17	康文杰	男	1995.03	唢呐艺术（临县大唢呐）	
18	张清山	男	1967.04	唢呐艺术（临县大唢呐）	
19	张全保	男	1987.12	吕梁民歌	
20	邸瑞军	男	1987.01	晋北鼓吹	
21	宫照照	男	1972.07	山西宫家吹打	
22	宫珍福	男	1959.01	山西宫家吹打	
23	武娇艳	女	1988.01	文水鈲子	

续表

序号	姓名	性别	出生年月	项目名称	类别
24	张 建	男	1960.09	福胜锣鼓	
25	任成宝	男	1955.08	狄青花儿鼓	
26	武四维	男	1952.05	武家山锣鼓	
27	武和安	男	1955.11	武家山锣鼓	
28	薛 文	男	1997.02	临县大唢呐	
29	蔚建荣	男	1975.07	碛口号子	
30	韩慧英	女		文水磕板采茶调	
31	付四全	男		文水马西铙	
32	武儒巍	男		孝义皮腔	
33	王永亮	男		临县大唢呐	
34	王 勇	男		临县大唢呐	
35	武守本	男	1946.02	中阳旱船秧歌	
36	尹志杰	男	1957.11	上龙明灯	
37	薛清爱	女		临县伞头秧歌	
38	白 一	男	1935.04	汾阳地秧歌	
39	冯丕基	男		汾阳地秧歌	
40	王爱红	女	1974.09	汾阳地秧歌	
41	李志刚	男	1976.03	汾孝秧歌	传统舞蹈（40人）
42	白清礼	男	1943.05	汾孝秧歌	
43	冯有成	男		汾阳地秧歌	
44	任永霞	女	1974.06	汾阳地秧歌	
45	贾如生	男		汾阳地秧歌	
46	冀玉香	女	1961.1	汾孝秧歌	
47	王爱莲	女	1968.02	汾孝秧歌	
48	朱述明	男	1960.04	汾孝秧歌	

续表

序号	姓名	性别	出生年月	项目名称	类别
49	田志全	男	1952.06	汾孝秧歌	
50	李小萍	女		孝义汾孝秧歌	
51	王艳芬	女		汾阳汾孝秧歌	
52	薛怀根	男		汾阳汾孝秧歌	
53	吕志明	男		汾阳汾孝秧歌	
54	郝爱芸	女		汾阳汾孝秧歌	
55	张全生	男	1960.04	水船秧歌	
56	李永艳	女		临县伞头秧歌	
57	李艳平	女	1977.04	临县伞头秧歌	
58	问善龙	男	1944.09	临县伞头秧歌	
59	王水元	男	1971.06	离石旱船秧歌	
60	武爱花	女	1968.12	离石旱船秧歌	
61	贺新民	男	1969.01	离石旱船秧歌	
62	牛廷明	男	1964.01	临县伞头秧歌	
63	赵江	男	1975.01	临县伞头秧歌	
64	李泽峰	男	1976.11	临县伞头秧歌	
65	杨建文	男	1958.01	临县伞头秧歌	
66	冯平平	女	1981.06	中阳旱船秧歌	
67	许东明	男	1968.12	中阳弹唱	
68	李志勇	男	1966.06	吐京羊皮鼓舞	
69	景文郁	男	1945.11	吐京羊皮鼓舞	
70	候晋平	男		吐京羊皮鼓舞	
71	宋怀武	男	1947.06	宋家庄棒子舞	
72	刘少定	男	1968.01	宋家庄棒子舞	
73	孙全昌（孙帱元）	男		柳林水船秧歌	

续表

序号	姓名	性别	出生年月	项目名称	类别
74	李秀峰	女		离石旱船秧歌	
75	刘彩琴	女	1982.02	孝义碗碗腔	
76	刘淑芳	女	1970.03	孝义碗碗腔	
77	郭美英	女	1980.11	孝义碗碗腔	
78	刘晋	男	1956.10	孝义木偶戏	
79	任桂芬	女	1964.01	孝义木偶戏	
80	程翠玲	女	1951.01	孝义秧歌	
81	李景云	女	1971.05	孝义市碗碗腔	
82	王茂伟	男	1983.02	孝义木偶戏	
83	刘亚星	男	1983.11	孝义木偶戏	
84	赵媛	女	1991.08	孝义皮影戏	
85	马佰礼	男	1950.12	郑家庄灯影戏	
86	曹福富	男	1971.06	吕梁晋剧	传统戏剧（40人）
87	李宝芳	女	1960.04	孝义碗碗腔	
88	刘金利	女	1944.01	孝义木偶戏	
89	高云强	男	1990.03	临县道情戏	
90	卫世明	男	1944.01	柳林道情	
91	任美莲	女	1954.06	晋剧	
92	程爱爱	女	1980.03	孝义碗碗腔	
93	杨世林	男	1965.01	孝义碗碗腔	
94	任太荣	男	1953.01	孝义皮影戏	
95	胡发伟	男	1973.08	孝义皮影戏	
96	朱文	男	1965.06	孝义皮影戏	
97	吕海青	女	1959.02	孝义木偶戏	
98	郝贝贝	女	1989.03	道情戏（临县道情戏）	

续表

序号	姓名	性别	出生年月	项目名称	类别
99	张 华	女	1985.01	道情戏（临县道情戏）	
100	魏志杰	女	1986.09	道情戏（临县道情戏）	
101	薛海兵	男		临县道情	
102	任艳梅	女		临县道情	
103	程应华	男		孝义碗碗腔	
104	殷宏杰	男		孝义碗碗腔	
105	张立海	男		孝义碗碗腔	
106	闫桂琴	女		孝义皮影戏	
107	郭伟伟	男	1946.08	孝义皮影戏	
108	郭栓娥	女		孝义皮影戏	
109	白京京	男		孝义木偶戏	
110	刘亚丽	男		孝义木偶戏	
111	穆永明	女		孝义木偶戏	
112	石美玉	男		孝义木偶戏	
113	刘建花	女		柳林道情	
114	高爱珍	女		柳林道情	
115	韩全中	男	1950.06	文水跌杂则	
116	康国生	男	1976.01	临县三弦书	
117	车兵全	男	1971.06	离石弹唱	
118	李建红	男	1975.04	离石弹唱	曲艺 （7人）
119	任平平	男	1978.01	离石弹唱	
120	康保生	男		临县三弦书	
121	吕完明	男		文水跌杂则	
122	白树江	男		柳林木版年画	传统美术 （72人）
123	武兰翠	女	1948.06	孝义剪纸	

续表

序号	姓名	性别	出生年月	项目名称	类别
124	李凤英	女	1951.09	中阳剪纸	
125	薛兔香	女	1951.01	中阳剪纸	
126	冯天香	女	1934.01	柳林民间剪纸	
127	徐秀芝	女	1958.04	兴县民俗剪纸	
128	杨培材	男	1980.01	孝义面塑	
129	郭凤香	女	1945.12	孝义剪纸	
130	王武平	男	1972.02	柳林民间剪纸	
131	康翠娥	女	1967.04	中阳剪纸	
132	姚瑞萍	女	1950.07	中阳剪纸	
133	段爱芝	女	1953.03	中阳剪纸	
134	赵子云	男	1970.01	中阳剪纸	
135	呼志岐	男	1958.12	刘家焉头木版年画	
136	赵蝉琦	女	1950.11	中阳民间绣品	
137	梁润平	女	1963.11	中阳民间绣品	
138	刘萍萍	女	1970.04	中阳民间绣品	
139	任秀清	女	1955.03	中阳剪纸	
140	张灯灯	女	1946.09	中阳剪纸	
141	刘玉莲	女	1951.09	中阳剪纸	
142	梁月琴	女		岚县民间剪纸	
143	郭秀红	女	1949.06	孝义剪纸	
144	王　钟	男	1969.04	孝义面塑	
145	温利平	男	1966.02	柳林民间剪纸	
146	李崇枝	女	1958.01	民间绣活（交口刺绣）	
147	董兰梅	女	1962.08	民间绣活（交口刺绣）	
148	李淑贤	女	1962.07	中阳剪纸	

续表

序号	姓名	性别	出生年月	项目名称	类别
149	安秀梅	女	1969.04	岚县民间剪纸	
150	程香梅	女		岚县民间剪纸	
151	许瑞萍	女	1968.06	中阳民间绣品	
152	梁春英	女	1967.07	岚县面塑	
153	杨改英	女	1948.09	岚县面塑	
154	李润吉	男	1965.05	岚县面塑	
155	梁月琴	女		岚县面塑	
156	刘小林	女	1967.09	临县传统彩塑技艺	
157	侯爱莲	女	1961.08	孝义剪纸	
158	张金连	女		孝义剪纸	
159	付欢清	女	1969.11	中阳剪纸	
160	张天常	男	1953.07	交口布艺	
161	武毅星	男	1946.02	临县民间剪纸	
162	裴　治	男	1976.06	交城玉雕	
163	路冬梅	女	1978.11	交城剪纸	
164	许粉香	女	1969.02	交城刺绣技艺	
165	张亮平	男	1971.06	面花（岚县面塑）	
166	冯谋花	女	1958.04	面花（岚县面塑）	
167	张亮全	男	1959.09	岚县民间剪纸	
168	任香平	女	1963.04	临县民间剪纸	
169	刘小平	女	1968.06	临县民间剪纸	
170	秦芳芳	女	1989.11	临县传统彩塑	
171	武小汾	女	1964.07	中阳剪纸	
172	王雪平	女	1970.12	中阳剪纸	
173	刘红梅	女	1977.03	中阳民间刺绣	

续表

序号	姓名	性别	出生年月	项目名称	类别
174	胡相荣	女	1982.01	中阳民间刺绣	
175	刘 振	男	1973.03	刻绘葫芦技艺	
176	郑长征	男		汾阳剪纸	
177	任连生	男		汾阳玻璃画	
178	武翠梅	女		中阳剪纸	
179	武玉汾	女		中阳剪纸	
180	赵侯英	女		中阳剪纸	
181	任巧连	女		中阳民间绣品	
182	杜秀花	女		中阳民间绣品	
183	高平娥	女		中阳民间绣品	
184	陈瑞珍	女		中阳民间绣品	
185	杨海珍	女		中阳民间绣品	
186	张艳婕	女		文水剪纸（东旧剪纸）	
187	郑天平	女		岚县面塑	
188	张四改	女		岚县面塑	
189	黄桃连	女		岚县面塑	
190	刘兔平	女		岚县面塑	
191	陈建功	男		孝义面塑	
192	王宇超	男		孝义面塑	
193	褚爱云	女		孝义剪纸	
194	王希尧	男	1934.03	汾阳民俗"窜黄蛇"	
195	尤永仁	男	1960.12	汾阳民俗"窜黄蛇"	民俗
196	李有生	男	1962.01	礼生唱祭文习俗	（22人）
197	张成华	男	1954.03	礼生唱祭文习俗	
198	车明德	男	1977.01	礼生唱祭文习俗	

续表

序号	姓名	性别	出生年月	项目名称	类别
199	王有全	男	1957.12	柳林弹唱	
200	杨富汗	男	1952.06	汉民族贾家庄婚俗	
201	武克强	男		孝义市苏家庄年俗	
202	杨俊喜	男	1954.07	元宵节柳林盘子会（含弹唱）	
203	车保生	男	1976.11	元宵节柳林盘子会（含弹唱）	
204	李金柱	男	1964.03	元宵节柳林盘子会（含弹唱）	
205	高探兴	男	1971.08	元宵节柳林盘子会（含弹唱）	
206	闫万珍	男	1936.06	柳林盘子会	
207	武宏昱	男	1982.08	孝义市苏家庄年俗	
208	郭林珍	男	1964.10	岚城面供	
209	侯建海	男	1971.12	孝义传统丧葬礼俗	
210	宋星龙	男	1989.10	孝义市金龙山青云十八阶（甲）传统庙会	
211	刘双马	男	1954.12	交口县广武庄二月二龙抬头民俗活动	
212	邓月娥	女		柳林盘子会（含弹唱）	
213	邓还香	女		柳林盘子会（含弹唱）	
214	刘鼠平	男		柳林盘子会（含弹唱）	
215	张廷娥	女		柳林盘子会（含弹唱）	
216	相里冬霖	男	1971.01	德义园麻酱生产技艺	传统技艺（76人）
217	张晓春	女		交城滩羊皮鞣制技艺	
218	贾喜平	男	1971.05	兴县油煎面塑	
219	马平安	男	1951.09	栖醋	
220	党探平	男	1958.07	柳林县芝麻饼传统制作技艺	
221	刘廷奎	男		唱祭文送丧礼俗	
222	余翠萍	女		汾州核桃传统苗木繁育技艺	
223	魏金辉	男	1981.02	汾州传统宴席技艺	

续表

序号	姓名	性别	出生年月	项目名称	类别
224	于小平	男	1964.06	柳林碗团制作技艺	
225	张金柱	男	1958.08	马家醯醋	
226	冯其林	男	1954.08	桑皮纸制作技艺	
227	冯宝银	男		桑皮纸制作技艺	
228	白贵平	男	1956.06	兴县胡麻油	
229	郭建政	男	1988.04	南曹村豆腐传统手工制作技艺	
230	孙晋伟	男	1981.05	汾州传统宴席	
231	梁耀奎	男	1967.08	汾州传统宴席	
232	程香梅	女	1947.09	岚县面塑	
233	冯亮栓	男	1966.07	岚县纸扎	
234	马 龙	男	1972.12	兴县峁底胡麻油	
235	刘云堂	男	1958.07	兴县城关浆水豆腐	
236	温海全	男	1972.09	岚县民间纸扎	
237	武元信	男	1971.12	南曹村豆腐传统手工制作技艺	
238	张兆瑞	男	1960.03	羊羔酒传统酿造技艺	
239	孟庆国	男	1970.08	羊羔酒传统酿造技艺	
240	杨芝应	男	1949.1	临县麻峪豆腐制作技艺	
241	梁发明	男	1976.12	孝义插酥包子传统加工技艺	
242	辛应生	男	1972.06	石楼芦苇编制技艺	
243	张善照	男	1949.03	柳编技艺（九枝社柳编传统手工制作技艺）	
244	李长生	男	1980.09	南曹村豆腐传统手工制作技艺	
245	陈建红	女	1984.05	刀刻、彩绘葫芦画传统制作技艺	
246	付一清	男	1954.02	羊羔酒传统酿造技艺	
247	宋晶晶	男	1984.12	羊羔酒传统酿造技艺	
248	苏光清	男	1956.06	孝义柿叶茶传统技艺	

续表

序号	姓名	性别	出生年月	项目名称	类别
249	张诗敬	男	1998.02	临县青塘蜜浸大枣粽传统手工制作技艺	
250	吕旭梅	女	1975.03	临县青塘蜜浸大枣粽传统手工制作技艺	
251	赵俊生	男	1982.11	岚县民间纸扎	
252	李金吉	男	1949.10	李氏核桃酪传统手工制作技艺	
253	任海元	男	1955.04	中阳县背阴坂手工空心挂面传统手工加工技艺	
254	米 珍	女	1984.10	云香制作技艺	
255	董济峰	男	1969.11	杏花村汾酒酿制技艺	
256	任全明	男	1969.10	杏花村汾酒酿制技艺	
257	白清泉	男		兴县清泉醋传统酿制技艺	
258	邓镔起	男		传统宴席（文水贡宴制作技艺）	
259	霍春安	男		吉仙居黄酒酿造技艺	
260	田培利	男		汾阳核桃木雕家具传统制作技艺	
261	文凤岐	男		钩编技艺	
262	孙晋咏	男		汾州八大碗制作技艺	
263	贺广玉	男		柳编技艺（九枝社柳编传统手工制作技艺）	
264	何建生	男		汾阳传统手工镌刻木牌匾	
265	徐汾军	男		杏花村汾酒酿制技艺	
266	苏祖田	男		羊羔酒传统酿造技艺	
267	靳小将	男		孝义木雕家具传统技艺	
268	翟孝生	男		孝义翟氏羊杂割	
269	王 辉	男		孝义碗团传统制作技艺	
270	张 超	男		孝义杏野砂器	
271	马立强	男		晋西马氏砖雕传统制作技艺	
272	白文平	男		石楼麦秆画技艺	
273	贺翠平	女		钩编技艺	

续表

序号	姓名	性别	出生年月	项目名称	类别
274	王志刚	男		传统宴席（岚县土豆宴制作技艺）	
275	薛贵生	男		岚县薛家粮"笨炒面"制作加工技艺	
276	温海军	男		岚县民间纸扎	
277	苏明英	女		岚县魏源麦芽糖（面沙子）制作技艺	
278	张润保	男		岚县渥泉池古法纯粮手工马铃薯醋酿造技艺	
279	赵贵成	男	1972.06	孝义老粝醋传统技艺	
280	闫建平	男	1976.03	孝义市闫氏月饼脱脱木雕技艺	
281	李建明	男	1973.05	交城县食用黄芥子油压榨技艺	
282	刘丽华	女	1981.05	文水县吴村烙画葫芦加工技艺	
283	刘文丽	女	1984.05	文水县吴村烙画葫芦加工技艺	
284	孟矿珍	女	1968.11	交城滩羊皮鞣制技艺	
285	张程鹏	男	1982.09	石州炒泡泡制作技艺	
286	李小英	女	1977.07	临县青塘蜜浸大枣粽传统手工制作技艺	
287	张新勤	男	1980.11	临县青塘蜜浸大枣粽传统手工制作技艺	
288	张宝亮	男	1971.10	梵安寺素饼传统手工制作技艺	
289	张永军	男	1974.09	临县麻峪豆腐制作技艺	
290	牛元明	男	1955.01	岚县魏源麦芽糖（面沙子）制作技艺	
291	刘兴生	男	1962.12	岚县民间纸扎	
292	郝延捷	男	1977.05	孝义郝氏诊断淋巴结结核与独特治疗	
293	陈新宇	男	1969.02	陈氏独特的正骨疗伤法	
294	李国锋	男	1973.03	交城李氏针灸——子午流注法	
295	郭起树	男	1957.10	汾阳郭氏正骨	传统医药（15人）
296	李华一	女	1993.03	冯氏祛腐生肌烧伤膏	
297	常强	男	1978.01	常氏祖传中医皮肤外科	
298	武志明	男	1969.07	王氏象皮生肌散	

续表

序号	姓名	性别	出生年月	项目名称	类别
299	王　宏	男	1968.04	中耳炎祖传治疗秘方"耳脓净"	
300	冀燕鹏	男		文水冀氏烧伤膏	
301	王汉高	男		文水中耳炎祖传治疗秘方"耳脓净"	
302	郝建威	男		文水中医诊法（郝氏儿科诊疗法）	
303	郭清浇	男		汾阳市郭氏中医正骨	
304	贾光耀	男		孝义陈氏独特正骨疗伤法	
305	冯云萍	女		交口冯氏祛腐生肌烧伤膏	
306	冯丽萍	女		交口冯氏祛腐生肌烧伤膏	
307	孔邵芸	男		文水长拳	传统武术、杂技与游艺（10人）
308	梁文浩	男	1946.03	六合战拳	
309	张玉波	男	1947.10	文水新午拳法	
310	独恩德	男	1956.08	汾阳六合拳	
311	李　能	男	1960.10	汾阳六合拳	
312	靳建国	男	1950.10	汾阳六合拳	
313	白果林	男		文水保贤窝儿拳	
314	马长明	男		文水白猿通背拳	
315	李冠雄	男		文水袁氏传统长拳	
316	田祥赟	男		孝义陈氏太极拳	

上表为编者前往吕梁市文化和旅游局公共服务科收集的资料，原表数据不完整。

目前，吕梁市正在完善《市级非物质文化遗产代表性传承人认定与管理办法》，以完善非遗传承体系。

（二）开展传承人技能培训

吕梁市实施非物质文化遗产传承人群培训计划，对各级非物质文化遗产代表性传承人进行分级培训。培训形式包括普及培训班、能力提升班、高端人才研修班等，课程设置为基础课程、拓展课程、实践课程三大板块。2023 年 4 月 10 日至 12 日，吕梁市文化和旅游局举办第一期非物质文化遗产传承人培训班，来自全市的 70 余位国家级、省级、市级传承人参加培训。培训内容涵盖非物质文化遗产保护传承的多个方面，如传统技艺和传统美术在非物质文化遗产中的活化、新时代非物质文化遗产保护传承工作、非物质文化遗产传承人认定标准研究等。通过实施培训计划，吕梁市希望能够加强传承人队伍建设，提高传承人的业务水平，从而进一步推动非物质文化遗产的保护和传承。同时，吕梁市鼓励和支持传承人带徒授艺、开展传承活动，增强非物质文化遗产的存续力和传承活力。孝义市则拓展传承方式，制定出台《非遗传习活动补助办法》，对传承人进校园、农村开展培训活动每人每天给予50 元补助。

二、保护与传承设施

吕梁市政府通过采取抢救性保护、记忆性保护、生产性保护、区域整体性保护等措施，改善非遗存续状况，对非遗赖以生存的文物场所、古村古镇、汾河流域等进行全方位保护，推动生态环境与非遗传承保护互促互进。吕梁市在文化馆规划布局 1000 余平方米的非遗传习展示厅，开辟晋中文化生态保护区实验区专区；制定《非遗工坊认定与管理办法》，统筹开展非遗工坊认定和管理工作。四县区共设立非遗综合传习中心 5 个、单项非遗专题展示馆 11 个、生产性保护基地 4 个、传承保护基地 16 个、传习所 80 个、传习点 112 处、乡村文化记忆展厅 120 个，涌现出一批知名传习场所。孝义市将原孝义市文化馆办公楼统筹建设为孝义市非物质文化遗产综合传习中心。文水县将岳村钿子、狄青花儿鼓、福胜锣鼓传习所进行提升改造，使非遗文化的传承与推广有了更为广阔和便利的传承场所。

孝义市非物质文化遗产综合传习中心位于孝义市贾家庄村的三皇庙旁，被称为"非遗小院"。这个小院以二层古朴建筑为载体，内部设置了不同非遗门类的艺术传习所，通过展示、展演、展销等多种形式，让游客能够亲身体验到非遗的魅力。在非遗小院中，集中展现了孝义的三大代表性非遗项目：皮影戏、木偶戏和碗碗腔。游客可以在这里观看到精彩的皮影戏表演，欣赏到精美的皮影和木偶，同时还能听到悦耳的碗碗腔演唱。此外，小院还设有非遗剪纸等其他艺术传习所，游客们不仅能够深入了解每一项非遗背后的故事和文化内涵，还可以亲自参与剪纸、皮影雕刻等传统技艺的制作过程，感受指尖上的艺术魅力，唤醒对传统文化的热爱与期待，进而深度体验传统文化之美，传承优秀传统文化。

2018 年，在丽彬文化园创办吕梁非遗博览园，汇集吕梁市 13 县、市、区非遗作品 1000 余件，其中，国家级非遗 16 项、省级非遗 50 余项。博览园以"保护为主、抢救第一，合理利用、传承发展"为宗旨，以吕梁非遗文物保护与传承为目标，整合、展览吕梁非遗实物产品，结合晋中文化生态保护区非遗传承实际，使非遗文化形成了博物馆式整合性保护。同时，打造青少年非遗实训基地，开辟实物展示区、非遗传承研学区、非遗工艺演示区三个研学区域，形成了"多彩非遗、活态传承"格局，满足了非遗研学所需，使吕梁非遗成为可使用、可欣赏、可体验、可感悟、有共鸣的非遗。

博览园开发有"非遗情景再现""传统工艺演示"等非遗体验项目，包括葫芦烫画、堆绫、面塑、剪纸、拓片、插花、茶艺、磕板采茶调、画戏剧脸谱、皮影制作、国学礼仪、古建壁画技艺、武皇贡宴技艺等 16 项，对促进非遗文化的持续保护、传承和发展发挥了重要作用。

博览园开展研习实践活动，传承非遗文化。自成立以来，博览园围绕吕梁非遗开展研学活动 60 余期，接待来自各地学校学员 2 万余人，辐射人群 5 万人。累计接待来自省、市、县来宾、团队人数达 70 余万人次。

博览园建立非遗图库，使非遗文化从无形转化为有形。综合应用实物、文字、录音、录像等多媒体手段，真实、系统、全面地记录和获取非遗传承人的技艺表演、生产过程等相关资料。挖掘、整理非遗文化，出版《吕梁非遗》《商乡叠萃》《乡村记忆》《壁画彩绘》等专辑。

博览园开展文化赋能，"活化"非遗，实现文创性融合，创造经济效益。研发文创产品二十四节气陶俑与长卷、"八段锦"丝缎卷轴等，被国际健身气功联合会选定为 2019 墨尔本大赛纪念品，并直接推向市场。2019 年，在山西省第四届博览会吕梁分会场展览中，非遗博览园成为一大亮点，受到普遍赞誉。

三、社会参与和监督

吕梁市注重引导社会力量参与，鼓励社会各界积极参与非遗传承工作，包括企业、社会组织、个人等，形成全社会共同关注、共同参与非遗传承的良好氛围。通过设立非遗文化第二课堂，开展非遗进社区、进校园等方式，提高了群众参与非遗保护的积极性。鼓励社区居民参与到非遗保护项目中来，让他们感受到自己是非遗保护的主人翁。赋予社区在非遗保护方面的决策权和管理权，提高他们的责任感和积极性。将非遗纳入学校教育体系，通过开设非遗课程、举办非遗工作坊等方式，组织学生亲手体验非遗技艺，激发学生对传统文化的兴趣，培养学生的非遗保护意识和传承能力。

近年来孝义设立非遗文化第二课堂，开展剪纸、面塑、皮影、杨氏太极拳等8个非遗项目进校园系列活动，年均举办教学讲座2000余场、互动展演200余场，传习3万余人次，覆盖2所高校、16所中小学校、3所幼儿园。最早在2016年，孝义中和路小学第二课堂就成立碗碗腔戏剧社，从服装到道具全部配备。2018年，碗碗腔剧团和孝义中学签订协议，通过非遗进校园，从小培养孩子们对非遗的兴趣。让非遗技艺火起来，还要重点解决人才断档问题。2022年8月，孝义市政府与吕梁市艺术学校达成战略合作意向，并签订意向书，委托吕梁市艺术学校非遗班为孝义培养80余名学生，这些学生毕业后将被择优聘用至孝义市碗碗腔和皮影木偶剧团。孝义市的这一非遗人才培养创新之举目前在全省都走在前列。孝义市还制定出台了《非遗传习活动补助办法》，对传承人进校园、农村开展培训活动，每人每天给予50元补助。

同时，建立非遗传承工作的监督评估机制，对非遗传承人的传承活动进行定期评估和考核，确保非遗传承工作的质量和效果。

四、存在的问题

存在的主要问题是：传承人结构不合理，老龄化现象严重。

从生成机制看，非物质文化遗产主要因人类的生活需要而产生，并依赖人的生命活动得以延续，这就决定了人的存在即它的存在。尤其，传承人作为缔造者、承载者，是其存续的核心力量和生命的象征，无疑成为构建非物质文化遗产有效传承机制的关键。随着科技的发展和全球化的推进，人们的生活方式和文化价值观都在不断变化，现代人忙碌的生活节奏可能让他们无暇顾及非遗的学习和传承；另外，一些非遗项目可能与现代社会的审美观念和生活方式存在较大的差异，导致它们难以被大众所接受和认可。随着掌握技艺的老人逐渐衰老甚至离世，而年轻人受现代文化影响，又不愿意学习这些技艺，导致一些文化遗产出现了传承人队伍严重的老龄化现象，尤其像手工做木偶，需要40多道工序，这样烦琐的技艺，很多年轻人都不愿意学习，后继乏人的问题较为突出。

至2024年2月，吕梁市国家级非物质文化遗产传承人共有17人，已有3人去世，健在的有14人。其中，14位传承人中，12人超过60岁，比例达到70.5%，占现有人数的3/4；同时，吕梁市省级非物质文化遗产传承人共有112人，其中13人已过世，剩余99人中，57人超过60岁，占比达到58%，结构很不合理。

市级传承人老龄化也日益严重，以孝义市、中阳县为例，可说明这一问题。根据八批市级传承人名单统计，孝义目前共有国家级传承人4人（健在的3人）、省级传承人28人（不包括国家级传承人），市级代表性传承人43人（不包括国家级、省级及已过世的传承人）。其中，市级传承人中60岁以上的18人，占总人数的42%；70岁以上的11人，占总人数的26%。（详见下表）

表23　孝义市级非物质文化遗产代表性项目、代表性传承人（70岁以上，11人）

姓名	性别	出生年月	项目	保护单位
景文郁	男	1945.11	吐京羊皮鼓舞	孝义市传统文化研究会
宋怀武	男	1947.06	宋家庄棒子舞	孝义市传统文化研究会
程翠玲	女	1951.01	孝义秧歌	孝义市传统文化研究会
马佰礼	男	1950.12	郑家庄灯影戏	汾阳市韩家桥村、孝义市传统文化研究会
刘金利	女	1944.01	孝义木偶戏	孝义碗碗腔剧团有限公司
卫世明	男	1944.01	柳林道情	孝义市文化馆
郭伟伟	男	1946.08	孝义皮影戏	孝义市文化馆
武兰翠	女	1948.06	孝义剪纸	孝义传统文化研究会
郭凤香	女	1945.12	孝义剪纸	孝义市传统文化研究会
郭秀红	女	1949.06	孝义剪纸	孝义市传统文化研究会
马平安	男	1951.09	栖醋	孝义市东兴帝豪酒店有限公司

中阳县有国家级代表性传承人 1 人、省级代表性传承人 6 人（不包括国家级传承人）、市级代表性传承人 23 人（不包括国家级、省级及已过世的传承人）。其中，市级传承人 60 岁以上的为 14 人，占总人数的 61%；70 岁以上的为 9 人，占总人数的 40%。（详见下表）

表 24　中阳县市级非物质文化遗产代表性项目代表性传承人（70 岁以上，9 人）

姓名	性别	出生年月	项目	保护单位
张德亮	男	1949.11	中阳民间弹唱	中阳县文化馆
武守本	男	1946.02	中阳旱船秧歌	中阳县文化馆
李凤英	女	1951.09	中阳剪纸	中阳县文化馆
薛兔香	女	1951.01	中阳剪纸	中阳县文化馆
姚瑞萍	女	1950.07	中阳剪纸	中阳县文化馆
段爱芝	女	1953.03	中阳剪纸	中阳县文化馆
赵蝉琦	女	1950.11	中阳民间绣品	中阳县文化馆
张灯灯	女	1946.09	中阳剪纸	中阳县文化馆
刘玉莲	女	1951.09	中阳剪纸	中阳县文化馆

传承者是非物质文化遗产保护的核心力量，但目前可能面临着传承断层的问题。由于年轻一代对传统文化的兴趣降低，以及传承人老龄化严重，可能导致一些非遗技艺面临失传的风险。

第三节　活化利用：模式、实践与反思

非遗的活化利用是指通过各种方式，将非遗项目转化为具有现代价值和市场潜力的文化产品和服务，从而实现非遗的保护和可持续发展。这一过程涉及多个方面，包括但不限于非遗旅游景区开发、非遗主题旅游线路设计、非遗与乡村旅游的结合、非遗演艺市场的拓展以及非遗商品市场的开发等。非遗的活化利用是一个系统工程，需要政府、企业、社会组织和公众等多方面的共同努力。

一、活化模式与举措

吕梁市着力打造多元发展、融合创新、融入生活、挖掘价值的非遗活化利用模式，重视在各类文化活动中展示"非遗＋科技""非遗＋展演""非遗＋直播"等创新成果，通过创新性的手段和功能拓展，拓宽非遗传承渠道，增强非遗文化活力，提高公众对非遗的认知度和关注度，实现非遗文化的传承与发展。

（一）文化融合与创新

吕梁非遗顺应时代要求、结合科技智慧推陈出新，将非遗元素与现代审美、科技手段相结合，创造出具有时代感的文化产品和服务。利用现代科技手段，如虚拟现实（VR）、增强现实（AR）等，创新非遗的展示和传播方式，以更加时尚、新潮的方式将其展现在大众面前，让非遗作品被更多人看到，特别是希望受到青年群体的关注，引导市场在非遗数字场景应用、创新体验模式等方面作出更多尝试。

作为山西省唯一的皮影木偶艺术专业官方表演团体，孝义市皮影木偶剧团在剧目编创、表演形式、人才培养、木偶制作等方面不断探索求新，把声、光、电、AR、VR这些先进的技术与传统的皮影木偶戏相结合，将科技创新与艺术传承相融合，使木偶在舞台上更有灵动性、更有趣味性，让古老剧种焕发出时代生机。

2023年12月17日，孝义市皮影木偶剧团演出大型原创红色木偶剧《战马红旗》，融汇木偶、碗碗腔、皮影等国家级非遗，结合声、光、电特效，以及戏中戏舞台造型、人偶同台等表演亮点。这种不同于以往幕后操纵木偶的表演形式，人偶同台入戏是该剧目的一大突破。变无生命为生命化、无情物为有情物，演员既要表演，又要唱、道白，还要推景，突破以往分工不同的传统；不仅用双手，更用全部身心，与木偶角色融为一体。

孝义皮影木偶剧团木偶皮影艺术创作技艺不断更新、题材更加丰富多样，创作演出了一大批反映时代、弘扬民族精神的作品，艺术表现力增强，符合当下观众的审美需求。2023年"五一"期间，孝义市皮影木偶剧团在北京龙潭中湖公园举行"晋彩非遗京尚文创"晋京非遗文创游园会活动。皮影戏《连年有余》《龟与鹤》和木偶戏《长绸舞》《美猴王》等让京城观众领略到了非遗的独特魅力。6月26日，剧团参加天津夏季达沃斯论坛"山西之夜"，木偶戏《偶艺乐园》中的四个绝活表演，让中外宾客体验到中华优秀传统文化，这是孝义非遗又一次对外的精彩亮相。自2017年以来，孝义市皮影木偶剧团已累计演出500余场。该剧团的舞台实践表明，非遗文化正从"静态传承"迈向"活态传承"，焕发出旺盛的生命力。

科技的"翅膀"不仅让人看见非遗，更让非遗实现永久保存和高效传承。数字化技术被越来越多地应用到非物质文化遗产保护传承实践之中。数字化地呈现在提高非遗保护水平、丰富保护手段、多样化展示、扩展传播途径、增强大众互动体验等方面发挥着十分重要的作用。吕梁市注重利用数字技术记录和保存非遗信息，利用人工智能、虚拟现实、增强现实等技术，对非遗进行数字建模，建立非遗数据库。数字技术保留了非遗的真实信息，为非遗的研究、展示、传播、体验提供了新的途径。2023年2月，山西省文化和旅游厅以公开、公益的形式发布了3项在全省具有代表性的国家级非遗数字文创藏品，其中吕梁市孝义皮影戏、中阳剪纸两款数字文创藏品上榜。孝义皮影戏文创藏品《收五毒》运用电影制作及3D建模的方式，在还原传统舞台场景的同时，美化突出了公鸡和蝎子打斗的细节场面，活灵活现，让传统皮影戏演出了大电影的效果。中阳剪纸文创品《猴献桃娃娃》通过数字活化技术，让鲤鱼戏金莲、猴坐怀中献桃的剪纸造型"活"起来，增强了作品的视觉效果，让传统艺术变得灵动。这两件作品在技艺、风格上独树一帜，特点突出，受到参观者的广泛关注。2024年初，吕梁孝义皮影戏《收五毒》作为山西非遗数字藏品被发布，推出后仅仅几分钟就被抢空。孝义皮影戏代表性传承人李世伟曾认为，数字藏品通过区块链等技术手段，让非遗技艺与数字科技相结合，有效保护珍贵、濒危和具有重要价值的传统技艺，令越来越多的非遗项目融入人们的生活，让非遗技艺拥有更加广阔的未来。

吕梁境内传承着历史悠久的黄河文化、仰韶文化、龙山文化、农耕文化、晋商文化、红色文化、廉政文化等，人文底蕴深厚，文化形态多元，表现形式多样，不仅有入选世界文化遗产预备名单的杏花村汾酒老作坊，也有交城玄中寺、汾阳太符观等18处国家级文物保护单位，还有汾阳、孝义2个国家级民间文化艺术之乡，汾阳杏花村镇、贾家庄镇 2 个中国特色小镇，汾阳杏花村镇、交城夏家营镇段村 2 个国家级历史文化名镇名村，交城磁窑村、文水刘胡兰村等 29 个国家级传统村落。

依托这些文化遗存，吕梁市将非遗与旅游相结合，巧妙地将非遗传承与景区开发相融合，保护项目、传习场所与精品旅游线路相连接，传承资源与旅游活动相结合，较好地实现了"以文塑旅、以旅彰文"的文旅融合发展目标。

精心组织非遗主题旅游线路设计，将多个非遗项目串联起来，设计成主题旅游线路，如传统手工艺之旅、民间文化之旅等，将非遗项目融入乡村旅游中，让游客在农家乐、乡村度假中体验非遗文化。游客可以通过参观非遗项目、参与非遗制作过程等方式，深入了解非遗的魅力和价值，从而促进乡村旅游的差异化发展，提升游客的参与度和满意度。

依托非遗馆、传承体验中心等场所，积极探索非遗 + 旅游的发展路径。推荐汾阳贾家庄、孝义皮影木偶剧团申报省级非物质文化遗产旅游体验基地，积极组织非遗保护单位和传习场所申报纳入山西省非遗旅游线路，其中碛口古镇、临县义居寺非遗传习所被纳入"黄河风情非遗之旅"线路。交城县庞泉沟景区、汾阳贾家庄景区被纳入"康养休闲非遗之旅"线路。同时，依托古民居、古庙、古驿道设置非遗文化、红色文化、农耕文化等主题展馆，组织各类舞台展演和行进式表演，打造了一批富有吕梁特色的非遗文化体验游产品，增加了景区的文化内涵，提升了游客的旅游体验，让游客在游览景区的同时，了解和体验非遗项目。同时，通过旅游收入反哺非遗保护工作，既促进了非遗的传承，提高了非遗的知名度和影响力，又带动了旅游业的发展。

博采众长，融合创新，使吕梁的非遗文化和技艺得以长久保存和发展。

（二）市场开发与推广

吕梁市注重非遗演艺市场的拓展，深入挖掘非遗的市场潜力，通过市场化运作实现其经济价值。在旅游景区内安排地方戏曲表演、民间舞蹈演出等，通过推广非遗演艺项目，将其纳入旅游演出市场，让更多的人了解和欣赏非遗的表演艺术。

通过举办非遗节庆活动、非遗演艺比赛等方式，打造了一批具有影响力的非遗演艺品牌和专题展览、展示、展演活动，集中展示晋中文化生态保护实验区（吕梁片区）的文化魅力。

2017年6月10日，吕梁市举办“文化和自然遗产日”主题活动，围绕“非遗保护——传承发展的生动实践”的主题，以宣传贯彻《中华人民共和国非物质文化遗产保护法》为重点，开展非遗大型图片展、音乐、曲艺类非遗项目展演、非遗保护项目实物及实物制作现场展示等形式多样的活动，着力宣传吕梁市非物质文化遗产事业发展成果，提高公民非物质文化遗产保护意识，营造全社会关注并参与非物质文化遗产保护的良好氛围，得到广大群众的点赞。

2022年6月11日，柳林县文化和旅游局举办以“连接现代生活，绽放迷人光彩”为主题的文化和自然遗产日系列活动。鼓子秧歌、剪纸、弹唱、三弦、晋剧、水船秧歌等众多各具特色的非遗项目轮番登台，雅中有俗，俗中有雅，闹中有静，静中有闹，向人们展示了五彩斑斓的非遗之美。枣木缘、面塑、陶艺、玉石、布画等非遗资源候选人，通过现场介绍、展示、展销等形式，增加人们参与的积极性。还有柳林碗团、芝麻饼、马家醯醋、麻糖、醯瓜瓜等经销商，借助网红、利用抖音短视频形式，开展线上直播带货。同时，发放非遗宣传单、悬挂宣传横幅，用文字、图片、展牌等形式展示柳林县在文化遗产宣传保护方面的成果，推动非遗与现代生活相联结，凸显非物质文化遗产与人、物、艺、境的密切关系，以及见人见物见生活的非遗保护理念。

2022年7月11日，吕梁市举办“新时代、新征程、新画卷”非遗展暨晋中文化生态实验区成果展。来自吕梁市各县（市、区）的70余个非遗项目参展参演，包括剪纸、皮影、木偶、面塑、葫芦画、堆绫、刺绣、雕刻、烫画、木艺、铜艺等具有浓郁吕梁特色的非遗作品和产品，以及《手绢佛珠特技表演》《皮影人》《薪火相传》等非遗节目。

在碛口古镇，每当夜幕降临，街边客栈的屋顶上总会传来三弦书的说唱声。漫步在古镇的老街上，皮影戏表演、酿醋酿酒技艺展示、碗团制作，以及剪纸等非遗项目，让游客在大饱眼福的同时忍不住会驻足观看，甚至亲自体验。

此外，吕梁市还组织开展孝义皮影、木偶戏常态化进景区，汾阳地秧歌、文水长拳进校园，汾孝秧歌、孝义皮腔等濒危剧种抢救性保护公益性演出，非遗进省直机关餐厅等活动；参加山西省文博会、山西非物质文化遗产博览会暨工艺美术产品博览交易会、我从"晋"中来——晋中文化生态保护区走进中国非遗馆展览活动，持续提升保护区的社会影响力和关注度。

吕梁市通过电商平台、新媒体平台等现代营销手段，拓展非遗演艺市场的销售渠道和传播范围。比如，利用"欢乐中国年·地道山西味"山西文化和旅游中国年推介活动、东方甄选山西专场直播等，成功地将吕梁非遗演艺推向了更广阔的舞台。

在 2023 年"欢乐中国年·地道山西味"山西文化和旅游中国年推介活动中，吕梁市的交城卦山、方山北武当山、离石白马仙洞等多个 A 级旅游景区推出门票减免优惠措施，各县（市、区）在春节期间也推出了多项群众喜闻乐见的年俗文化和旅游活动。特别是在活动期间，吕梁市孝义皮影木偶剧团刘亚星及石磊两位非遗传承人为广大游客送上了一段别具一格、别开生面的木偶戏表演，吸引了现场大批观众驻足，并且通过网络直播进一步宣传了吕梁非遗文化。此外，吕梁文旅星推官、网红担纲介绍推介吕梁，让"汾酒故乡·英雄吕梁"品牌进一步通过直播平台得到推广。

"非遗＋直播"的形式让传统文化更贴近大众。2023 年 5 月 20 日，农产品直播电商平台"东方甄选"在太原古县城举办山西专场直播。数据显示，东方甄选山西专场短视频相关播放量突破 3 亿次，单日观看量超 2400 万人次，100 多种山西特产几乎全部售罄，全场销售额突破 7500 万元，订单数超过 130 万单。在直播过程中，吕梁回甜爽口的汾酒、筋道爽滑的柳林碗团、软糯香甜的青塘村粽子备受全国观众的关注和喜爱，订单量直线上升。除了产品本身，这场直播也让吕梁深厚的文化底蕴走进观众的视野，杏花村汾酒酿制技艺、柳林碗团制作技艺、青塘村粽子三项非遗"破圈"传播，其中，来自吕梁临县的青塘村粽子，一天时间就卖出了 2 万多单。青塘粽子这项带有浓厚地域特色的非遗技艺，从 2015 年开始逐渐发展成乡村振兴的新产业。截至目前，仅前青塘村就有大大小小的粽子加工作坊 140 多家，2600 多人从事与粽子相关的工作，产值达到 1 亿多元，其产品已远销至北京、上海等 10 多个省、市。在青塘粽子产业的带动下，临县已逐步形成了红枣、枣花蜜、优质粽叶、粽绳、芦苇画的生态产业链。同样，杏花村汾酒酿制技艺使得汾阳沃野披红、高粱挂穗，形成万亩酿酒高粱种植基地。而作为第五批国家级非物质文化遗产代表性项目的文水葫芦，则带动了 200 多户农民从事葫芦种植，户均收入达到 1 万余元。

通过"直播＋非遗"模式，不仅让非遗技艺以年轻姿态呈现在公众面前，吸引了年轻用户的关注，而且推动了非遗在新时代语境下的活化与创新。

二、实施案例与成效

2010 年，国家批准设立晋中文化生态保护实验区，范围包括晋中市全境、太原市及吕梁市 4 个县，共 19 个县。吕梁晋中文化生态保护实验区所辖的交城、文水、汾阳、孝义 4 个县（市），涉及 42 个乡镇、9 个街道，总面积 5015.48 平方公里，总人口约 149 万人。2023 年 1 月，晋中文化生态保护区被文化和旅游部公布为国家级文化生态保护区。

吕梁市始终坚持"以人为本、抢救第一，活态传承、合理利用，科学规划、整体保护"的主旨原则，加大投入力度，强化多元共治，提升系统性保护水平，持续增强了晋中文化生态保护力度。既保证传统文化的"原汁原味"，也追求新时代创新融合的"营养美味"，非物质文化遗产得到有效传承保护，自然生态和人文环境得到有效改善。

吕梁市将保护区创建纳入全市国民经济和社会发展总体规划，把"规划建设市、县非遗展示展览馆，县级非遗综合传习中心和生产性保护示范基地"列为全市"十三五"规划的重点项目，并严格抓好贯彻落实。指导四县（市）高起点细化实验区规划，分别编制《晋中文化生态保护实验区（吕梁片区）规划书》，四县（市）以规划为抓手，强化规划的引领和带动作用，把规划的实施贯穿到了国家级文化生态保护区建设的全过程、各环节。

整体性保护推动。将保护区建设纳入"十二五""十三五""十四五"规划，逐年敲定工作任务，清单化推进实施，节点化督导落实。加大资金投入，截至 2023 年 1 月，中央和省累计下达资金 5882.7 万元，其中保护区建设资金 4213 万元、重点项目和传承人补助资金 1669.7 万元。吕梁市、县两级政府积极作为，大力提供资金保障，对具有地方特色的非遗项目进行全方位保护，从 2018 年起将非遗保护专项经费列入年度市级财政预算，2022年又将经费增加至200万元，实验区四县（市）也将配套经费纳入了本级财政经常性支出预算，将其设置为独立的一级科目。经过十多年的努力，吕梁市已累计完成投资1.1多亿元，其中市、县两级财政累计投入资金近3000万元，社会资金累计投入8552.8余万元。

吕梁片区采取由市级主导、四县（市）联动的工作模式，将文化生态与自然生态、物质文化、传统习俗、特色产业等统筹起来，着力构建富有吕梁特色的完整系统的文化生态保护体系，形成了较好的品牌效应。汾阳市主打汾酒制法工艺展览展示，打造杏花村汾酒文旅融合发展品牌；孝义市以非遗综合传习所为中心，开发周边南曹豆腐文化村、杏野砂器特色小镇、贾家庄汉民族婚俗展演等非遗文化，形成与三皇庙景区、曹溪河景区互融互促的发展格局；交城县在卦山景区内的田家山村创建非遗文化村，将景区保护开发与传统堆绫艺术、金银铜器制作技艺、玉雕技艺等非遗传承发展融为一体；文水县把武皇群锣、文水长拳、武则天的传说、狄青的传说、文水剪刻纸、保贤牛肉等非遗传承与女皇文化、刘胡兰红色文化、苍儿会绿色生态文化等人文、自然要素集聚整合，打造"非遗＋旅游"品牌。

融合性保护带动。在创建过程中，吕梁市坚持实验区保护与景区开发相融合，保护项目、传习场所与精品旅游线路相连接，传承资源与旅游活动相结合，较好地实现了"以文塑旅、以旅彰文"的文旅融合发展目标；引导有条件的县（市、区）创建并申报夜间文化和旅游消费集聚区、旅游休闲街区、文化和旅游融合发展示范区和文化产业示范园区（基地），山西丽彬文化传媒有限公司、山西杏花村汾酒集团旅游有限公司、贾家庄腾飞文化传播有限公司等3家企业成功申报山西省文化产业示范基地；从现代演艺、特色文创等15个方面发展文旅新业态，促进市场主体发展，稳步推进市场主体倍增。

文水县在苍儿会景区设立非遗展区，汾阳贾家庄入选"第一批省级非遗旅游体验基地"，苍儿会生态康养之旅、贾家庄研学之旅两条线路入选文化和旅游部推出的"乡村四时好风光"乡村旅游精品线路，交城县庞泉沟景区、汾阳贾家庄景区被纳入省级"康养休闲非遗之旅"线路，民众主动传承非遗的自觉性极大增强，实现了非遗嵌入现代生活的目标。

2024年3月28日，央博民俗拾"遗"主题活动暨岚县第十八届面塑文化艺术节在岚县岚城镇城内村盛大开幕。活动以"守正创新·数智赋能"为主题，开展面塑精品展、北街供会、迎宾舞剧、红色话剧、裸眼3D视频《飞龙献瑞》、非遗大集、农特产品展、"岚县土豆宴"特色小吃等15项丰富多彩的特色活动。来自全国各地的游客相聚岚县，沉浸式感受原汁原味的民俗活动。

以培养一批能工巧匠、培育一批知名品牌为抓手，吕梁市挖掘实验区内传统工艺项目资源，推动传统工艺振兴，组织实验区25名大师提交作品和实操视频，参与第六届省级工艺美术大师终审，王茂伟、许粉香2名大师入选；开展实验区工美及相关产业摸底工作，摸查到相关企业51户、专业场馆12个；成立吕梁市工美非遗创作园区，内设晋中文化生态保护实验区专区，已吸引10余户非遗工美大师工作室入驻，形成了社会力量创办文化园区的良好示范效应；组织实验区20余家非遗项目参加第六届山西文博会，展示吕梁特色，展销吕梁产品。汾阳市主打汾酒制法工艺展览展示，打造杏花村酒文旅融合发展品牌。

将保护区建设与重大文化活动开展等工作融为一体，在实验区为每村分别配备了一名文化宣传员，建起了1000余人的非遗义务普查员队伍；村级综合文化服务中心实现了全覆盖；乡村文化记忆工程已经全部启动，布置展厅25个，搜集文化资源照片5330余张，展出各类实物18356件，整理了1336名农村传统文化人才记忆档案。实验区逐步实现了从单一的非遗保护向文化生态整体性保护的转变，让非遗更好地融入时代、走进生活，真正让非遗活起来。

产业性发展推动。以非遗代表性项目为抓手，以乡村振兴为切入点，吕梁市实现了对传统技艺进行"生产性保护"，带动上万人就业致富，蹚出了一条以非遗助力乡村振兴的新路子。

立足本地特色文化形态，以非遗助力产业发展，以企业助推非遗保护传承与弘扬。实验区内不少传统技艺类非遗项目已形成集产、供、销于一体的完整产业链，做到让非遗走进日常生活，实现了非遗的生产性保护。2005年，岚县启动非物质文化遗产保护工程，政府全面支持面塑产业发展，使岚县面塑这支"养在深闺人未识"的民间艺术之花大放异彩。2020年，岚县建成了面塑一条街，通过面塑作坊与乡村扶贫产业相结合，形成了全国唯一一个集非遗传承示范、文化旅游体验、特色产业带动，集研发、推广、销售为一体的"非遗文化产业集群"，产值规模达500万元，带动就业500人，带动文旅、服务、电商等相关产业增收5000万元。汾阳市建立全国最大的清香型白酒生产、销售基地，连续四年举办世界酒文化博览会；杏花村酒文旅融合项目于2020年3月正式启动，累计投资已达3亿元。文水县吴村1000余人从事葫芦种植、收购、加工、销售；文水鈲子常态化参加演出活动，成为吕梁非遗传承保护的一张名片。孝义市以非遗综合传习所为中心，开发周边南曹豆腐文化村、杏野砂器特色小镇、贾家庄汉民族婚俗展演等非遗文化，形成与三皇庙景区、曹溪河景区互融互促的发展格局。交城县在卦山景区内的田家山村创建非遗文化村，将景区保护开发与传统堆绫艺术、金银铜器制作技艺、玉雕技艺等非遗传承发展融为一体，取得良好的经济效益和社会效益。

国家级晋中文化生态保护实验区建设成果已经在吕梁各地生根开花。实验区四级非遗名录体系得到不断发展，存档、保存、宣传、弘扬、传承、振兴的立体保护体系初步建成，文化生态的维护和培育情况良好，重点区域文化特色鲜明，传承人带徒授艺、非遗展示活动、非遗进校园行动等工作风生水起，在特定区域内营造了较为浓厚的文化氛围，"见人见物见生活"的工作理念深入人心，群众参与非遗保护的积极性日益高涨。非遗区域性整体保护水平得到提升，基本实现了建立非物质文化保护传承体系、助推经济社会可持续发展、建设共同精神家园三大目标。

（一）国家级晋中文化生态保护实验区交城片区

交城县坚持"保护优先、整体保护、见人见物见生活"的理念，不断强化对以交城滩羊皮、交城堆绫为核心的非遗文化形态的整体性保护，围绕非遗保护、宣传、传承等核心工作，建场所、广宣传、兴产业、强融合，促进晋中文化生态保护区真正成为"遗产丰富、氛围浓厚、特色鲜明、民众受益"的文化生态保护区。

夯实非遗保护阵地。交城境内拥有蜚声中外的全国重点佛教寺院净土宗祖庭——玄中寺，以山形卦象而闻名于世的全国重点文物保护单位卦山天宁寺，国家级自然保护区庞泉沟，云顶亚高山草甸区四十里跑马沿，上古文化遗址范家庄、瓦窑、磁窑，明代官兵、农民起义军兵寨遗址靖安营、三座崖，狐爷山春秋古墓群落等弥足珍贵的自然、历史文化遗产。

交城县将景区保护开发与传统堆绫艺术、金银铜器制作技艺、玉雕技艺等非遗传承发展融为一体，将非遗传承、文化展示、历史回顾、休闲旅游功能集聚为一体，在卦山景区内的田家山村创建非遗文化村，累计接待观众 6 万余人次，接待各级各类团体 300 多个，取得了良好的社会效果。

全县建有滩羊皮鞔制工艺传承所、琉璃咯嘣制作技艺传承所、堆绫制作技艺传承所、交城刺绣传承点、李氏针灸传承点等各类传承所（点）共计 12 所，建设有段村、大营村、城头村、田家山村、磁窑村等 5 个乡村文化记忆馆，收集实物资料 2.7 万余件、图片资料 4300 余张、整理文字资料 25 万余字。

提高非遗影响力。加强普及，通过设计印制《非遗集萃》《交城非遗》等宣传册，在高速公路出口处租用"擎天柱"广告牌，在田家山非遗广场入口处设立"晋中文化生态保护区—交城非遗"标识牌，冠名专列高铁"交城号"，车厢设置"晋中文化生态保护区交城非遗"宣传专栏，交城县汽车站、火车站、主要街区通过设立宣传展板等方式对晋中文化生态保护实验区进行宣传，凝聚全社会对非遗保护的共识。

广泛宣传。在重大节庆日和"文化和自然遗产日"期间，集中展示晋中文化生态保护实验区交城文化魅力，开展"非遗过大年·文化进万家"元宵节灯谜竞猜、"喜迎三八节日　感受非遗文化"传承体验、"弘扬雷锋精神　传承非遗文化"、交城县第四届乡村文化旅游节"非遗集市""加强非遗系统性保护·促进可持续发展"文化和自然遗产日交城非遗宣传展示等一系列活动，参与上级组织的山西非物质文化遗产博览会暨工艺美术产品博览交易会、"晋中文化生态保护实验区（吕梁片区）非遗博览会""我从'晋'中来——晋中文化生态保护区走进中国非遗馆展览""黄河非遗大展"等活动，满足交城广大群众的精神文化需求，提升全社会对非遗的认知和保护意识，促成非遗保护成果普惠共享，有力地营造和促进了非遗传承保护的浓厚氛围。

搭建非遗传承大平台。交城县以传习中心和技艺传承点为阵地，以老艺人"传帮带"为主要手段，通过培训班、技能大赛、进学校、进课堂等多种形式，培养非遗项目衣钵传人。开设交城职中堆绫艺术班，培训青年传承人 1200 余人次；与交城县剪纸协会联合组织开展了"非遗文化剪纸传承培训班",培训 1000 余人次;在交城县城南、城北两所小学开展传承培训活动,培训传承学生 2400 余人次,让更多的人认识身边的非遗文化,了解传统技艺的操作流程,从而把对优秀传统文化的热爱植入心底。非遗从娃娃抓起,交城县组织市级非遗《狐突信仰——狐公鼓》走进交城久鑫幼儿园,通过精心编排的舞蹈,帮助孩子们了解狐突教子的忠孝文化,不仅让他们学习传统鼓艺,还对交城非遗文化产生浓厚的兴趣。

交城县还积极组织非遗项目传承人参加职业技能大赛的展示活动与各类型博览会,拓宽了传承人眼界,切磋了传承人技能。

激发非遗产业活力。交城县积极探索"非遗+旅游"的特色产业发展之路,非遗已成为促进经济社会高质量发展、满足人民群众美好生活需要的重要力量,更多"非遗技艺"正成为"非遗经济"。

交城县立足平川与山区旅游资源各异的实际,以"一圈一带"为构架,按照全域、全季、全业旅游发展思路,深入挖掘文化遗产与自然风光等资源,从旧时的卦山风景区、玄中寺单一的自然风景旅游,到现代农业观光园、交城骏枣经济林采摘园、酸枣经济林带等农耕文化体验园区,再到非物质文化遗产传习中心、乡村文化记忆馆的开门迎客,一大批景观带乘势拔节生长,交城旅游由单一观光向"+非遗"与"非遗+"模式转变,将景区"流量"转化为了"留量"。

交城县还以非遗为核心,将乡村旅游、观光旅游、传习体验等一系列特色活动融为一体,积极举办交城县东坡花海摄影节、第四届交城县乡村文化旅游节等各类节庆活动,打造以"国雅"为代表的"交城窑"文化产品和以"交城山"为代表的农特产品,推出了彰显交城特色的踏青赏花之旅、红色文化之旅、绿色生态之旅、农业休闲之旅等主题线路,"玩不过来"成了不少游客体验以后的第一感觉。交城旅游的发展为非遗"活"起来、"火"起来开辟了新路径,使其不再是"鲜有问津"的古老技艺,而是走进了千家万户,拥有了更多烟火气。

促进县域特色文化融合发展。一是"非遗+乡村振兴"。非遗项目大多源自乡村,也为乡村振兴贡献了大力量。田家山村位于交城县城西北著名旅游名胜——卦山脚下,2017 年田家山村以非遗文化传承为核心规划乡村文化旅游产业,先后完成了田家山非遗文化广场、乡村文化园、文化长廊、十公里森林康养步道等建设项目，乡村文化氛围、旅游舒适度和美誉度得到了显著提升，先后获得了"山西省级卫生村""省级美丽乡村建设示范村""市级文明村""市级乡村旅游示范村""市级乡村振兴示范村"等称号。田家山村还持续以乡村旅游为主导，深挖地域特色文化，通过"企业＋合作社＋农户"的模式，拓宽农民增收渠道，不断吸引周边农村剩余劳动力，带动区域第三产业发展，进而探索出一条符合田家山村农业、加工业、旅游业融合发展的乡村致富之路，使田家山村村民人人享受到乡村振兴的红利，实现"产业兴旺"与"生活富裕"的目标。二是"非遗＋研学"。交城县文化丰沃，建立了以"滩羊皮鞣制技艺""琉璃咯嘣制作技艺"等为一体的非物质文化遗产保护传承研学体系，开展了20余期的非遗研学体验活动。活动期间，参观人数共达2300余人次，民族基因被不断传承，厚重历史被不断体会。三是"非遗＋商贸"。为促进文旅消费潜能，交城县依托创意化文化产品、名优特产品，打造了交城堆绫、琉璃咯嘣、五香调料面、庞泉雪耳、羊肚菌、沙棘汁、褐小美系列等特色文旅商品，吸引了不少游客和市民品味时尚、乐享美食。

（二）国家级晋中文化生态保护实验区文水片区

科学规划。按照"以人为本、抢救第一，活态传承、合理利用、科学规划、整体保护"的主旨原则，文水县将保护区创建纳入全县国民经济和社会发展总体规划，列入县"十二五""十三五""十四五"规划，全过程贯穿到文旅、生态、城建、脱贫等9个专项规划中，规划建设县级非遗展示展览馆、县级非遗综合传习中心和生产性保护示范基地等项目，布局农耕文化带、晋商文化廊、节庆文化圈和方言文艺区四大重点区域，逐年敲定工作任务，清单化推进实施，节点化督导落实。

完善制度。制定《文水县非物质文化遗产保护管理制度》《文水县非物质文化遗产保护中心工作职责》，编制《文水县晋中文化生态保护实验区规划书》《文水县非物质文化遗产项目申报书》《文水县非物质文化遗产代表性项目代表性传承人申报书》《县级非物质文化遗产代表性传承人传承活动年度评估工作方案》《文水县县级非遗项目代表性传承人年度传承活动自评表》，规范指导文水县非遗工作高起点谋划、具体化实施。

加强组织领导。成立"文水县晋中文化生态保护实验区建设工作领导小组"，所有村庄全部配备文管员，构建起县乡村三级联动、社会各界广泛参与的"一盘棋"格局。

加大投入。2020年以来，各级共投入非遗资金300余万元，用于文水县非遗保护调查研究、档案和数据库建立、濒危项目抢救、人才培养、作品征集、传承活动、对外交流以及非遗项目、代表性传承人的保护费和补助金等事项。

建设设施。建成开放文水县非遗传习中心，传习中心集展览展示、体验互动、学习传承和培训研讨功能于一体，总面积1100平方米，设有综合展厅、文水长拳展厅、锣鼓展厅、手工技艺展厅、加工技艺展厅、文学传说展厅、培训演示厅等，内设92个非遗代表性项目，分厅展示项目图片、文字资料、实物以及视频展演，对非遗项目的宣传、保护及传承起到了重要作用。建立文水钫子、福胜锣鼓、桥头大鼓、麻衣仙姑、宗酒酿造工艺、狄青花儿鼓、吴村烙画葫芦、贤美牛肉、刀刻彩绘葫芦画传统制作技艺、郑家庄灯影戏、保贤郭氏酱卤牛肉、文水豆腐皮、文水长拳、田七刀具制作技艺等15个非遗传习所。在火车站游客集散中心内设立晋中文化生态保护区宣传点；在苍儿会游客中心大厅内设立晋中文化生态保护区（文水片区）非遗产品展销点，展区占地面积45平方米，共入驻11个非遗项目。

加强调查。做好物质、非物质文化遗产的发掘、认定和登记工作，全面了解和掌握文化资源的种类、数量、分布状况、生存环境等，并相继建立非遗代表性项目名录、非遗代表性传承人名录，分别建档、入库，予以妥善保存。全县现有国家、省、市、县级非遗项目92项，其中国家级2项、省级10项、市级40项、县级40项，有非遗代表性传承人107人，整理归档文字材料1330余份、视频资料195个、图片2800余张。有县级以上文物保护单位60个，其中国保2个、省保4个、市保6个、县保48个。

培养传承人。建立非遗专家库，聘请21名专家参与评审认定工作。举办2023年文水县非物质文化遗产代表性传承人培训班，对107位非遗项目代表性传承人进行培训。

展示研学。文水县多次组织大型非遗专题活动，给非遗项目提供舞台，充分展示、展演非遗项目的精神实质、外在魅力，以艺术之美扮靓生活。在文化、自然遗产日、节庆日组织召开"多彩非遗，美好生活""人民的非遗人民共享""非遗传承经典，共享美好生活"等为主题的大型非遗专题宣传活动；组织"文化三晋乐万家"鼓王争霸赛等锣鼓类专门活动；组织武术项目非遗展演暨晋中文化生态保护实验区文水县成果展；组织非遗进景区，文水桥头大鼓、马西铙、武家山锣鼓、西峪口混秧歌、裴会锣鼓、宋家庄棒子舞、福胜锣鼓等进入武则天纪念馆、世泰湖、天后岛等景区开展活动，展示文水县非遗项目的艺术魅力。组织拍摄《文山秀水话非遗》《非遗过大年》《文水非遗民俗展——传承中国年》宣传片，为"耳脓净""丽彬文化园美食"等九项非遗代表性项目拍摄了短视频，借助多媒体予以宣传。

在山西徐特立高级职业中学、东南街示范幼儿园（学府分园）、山西省刘胡兰中学、马西乡寄宿制小学设立"非物质文化遗产传承教育基地"，在山西徐特立高级职业中学、东南街示范幼儿园（学府分园）、马西乡寄宿制小学建立非遗项目"文水钹子""烙画葫芦""郑家庄灯影戏""文水长拳"传习点，逐步实现了"非遗进校园"到"非遗在校园"的转变。先后在非遗传习中心举办了5次非遗研学活动，让学生参与了解郑家庄灯影戏、古建壁画、玻璃画、根雕、磕板采茶调、拓片、剪纸、马西铙等非遗项目，进一步让学生领略了非物质文化遗产的独特魅力，切实提升了学生的民族自豪感和文化认同感，保护传承了非物质文化遗产，弘扬了优秀传统文化。

文旅融合。推动非遗创造性转化、创新性发展，探索"非遗＋产业""非遗＋企业"新路径，形成文旅产业发展新模式。"文水丽彬文化园"以吕梁非遗、文物保护与传承为目标，将国学、非遗、文物、文明元素融入企业文化，使处于点状分布的非遗项目得以转化为集群式展示，使非遗文化形成了博物馆式整合性保护。该园汇集了吕梁市13县（市、区）非遗作品1000余件，开发有"非遗情景再现""传统工艺演示"等非遗体验项目，打造了青少年非遗实训基地，开辟实物展示区、非遗传承研学区、非遗工艺演示区三个研学区域，形成了"多彩非遗、活态传承"格局。开园以来，围绕吕梁非遗开展研学活动60余期，接待来自各地学校学员2万余人，辐射人群5万人，累计接待来自省、市、县的来宾及团队人数达70余万人次。

文水葫芦是第五批国家级非物质文化遗产代表性项目。文水石安葫芦种植加工协会以葫芦为媒，弘扬葫芦文化。通过加大投入，现已形成良好、稳定的科研、试验示范、休闲农业、葫芦种植基地 500 余亩，带动吴村发展葫芦种植 1000 余亩；依托葫芦产业，带动吴村及周边 200 多户农民从事葫芦种植，户均收入达到 1 万余元，还带动 950 余户农民从事葫芦种植、加工、销售。协会还以葫芦种植产业为基础，通过农事体验、采摘等带动其他种植业的发展；以文化艺术为包装，发展葫芦精深加工，带动乡村旅游产业发展，增加产品附加值；依托葫芦文化产业，打造郊区旅游特色休闲园区，并开展传统文化教育、休闲农业体验等活动，推动传统文化和现代文明有机融合，带动了农业生产、农民生活和乡风文明水平的提高，促进构建了新型工农城乡关系。

（三）国家级晋中文化生态保护实验区汾阳片区

汾阳市围绕保护好、传承好、利用好非遗文化这一主线，对照"遗产丰富、氛围浓厚、特色鲜明、民众受益"这一目标，强基础、造氛围、促融合，推动非遗在保护中发展，在创新中传承，在融合中利用。

做好规划与保障。按照"政府主导、社会参与，长远规划、分步实施"的原则，汾阳市将非遗保护工作纳入本级国民经济和社会发展规划，编制《晋中文化生态保护实验区汾阳保护规划》，对非遗项目、非遗传承人、非遗特色街区、非遗特色村镇、乡村文化记忆等进行了全方位的规划。同时，加大财政保障力度，将保护区建设经费列入财政经常性支出预算，2021 年 55.6 万元，2022 年 50 万元，2023 年 50 万元。

强化设施保障。实施非遗传习中心、汾酒老作坊、"汾阳王府"传承基地、贾家庄贾街非遗项目一条街等公共文化设施建设项目，在丰泰苑酒店、恒基酒店、德义园味业有限公司、冯家庄社区、韩家桥村等地设立项目传承点，基本实现每个非遗项目有传承点阵地、有传承人开展传承工作，并坚持开展培训、展览、展演活动的目标。现汾阳市共有传承保护主体单位 78 个、传承所 5 个、传承点 188 个。

汾阳市还将非遗资源与乡村记忆工程和乡村振兴有机结合起来，挖掘整理乡村文化资源特色，全面铺开乡村记忆和非遗挖掘整理展览、展示工作。目前，汾阳市共有乡村文化记忆展示点 10 处、筹备建设 8 处。

开展调查与整理。积极抢救、整理和申报非遗项目,逐步建立较为完善的国家、省、市、县四级非遗代表性项目和传承人保护体系。目前,汾阳市共有非遗项目 129 项,其中国家级 2 项、省级 11 项、吕梁市级 5 项、汾阳市级 111 项。对列入名录的非遗代表性项目,汾阳市分类别、分手段实行抢救性保护、记忆性保护、生产性保护等适合非遗传承发展的措施,确保不同类型的非遗项目都有合适的保护措施和发展空间。

加大传承人保护力度。汾阳市现有国家级传承人 1 人、省级传承人 25 人、市级传承人 39 人、汾阳市级传承人 256 人。汾阳积极支持非遗代表性传承人开展授徒传艺、教学、交流等活动,积极为传承人履行传承义务创造条件。同时积极组织代表性传承人参加文旅部、山西省文旅厅、吕梁市举办的各类培训学习和交流传播活动,培训人员超过了 3000 人。

全面开展非遗资源普查、调查工作。建立起 90 人的非遗志愿者团队,在全市范围内铺开非遗田野调查工作,排查整理非遗线索近万条,采访民间艺人 500 人左右,运用文字、录音、录像等方式,对非遗项目进行真实、系统和全面的记录;建立电子和纸质档案,汾阳市非遗档案包含文字达 330 万字、图片 1.5 万余张、视频 50 余小时。汾阳市还每年定期举办非遗普查培训班,培训人员超过 3000 人;每年召开 5 次非遗研讨培训会,围绕现有非遗项目和备选项目以及 800 条非遗线索开展调查研讨。

突出传承与融合。汾阳市以非遗助力产业发展,以企业助推非遗保护传承与弘扬,汾酒酿制技艺已形成集产、供、销于一体的完整产业链,实现了非遗的生产性保护。

以国家级非遗项目杏花村汾酒酿制技艺为基础,汾阳市把杏花村汾酒专业镇建设作为促进市域经济高质量发展和加快构建具有地方特色现代产业体系的新引擎,不断整合各方优质资源,全力打通上中下游产业链、供应链和创新链,实现产业集群发展。引龙头、育产业,在政府的"链接"下,汾酒带动位于贾家庄镇的观宇玻璃制品有限公司,为汾阳白酒提供高档玻璃酒瓶和加工高档喷釉、贴花酒瓶等产品,现场火热的生产场景与企业鲜活的业绩数据相互成就;沃野披红、高粱挂穗的万亩酿酒高粱种植基地，成为汾阳市白酒产业链条上的"第一车间"，种植户成为白酒产业链条上的"产业工人"，从"小杂粮"到大产业，"一穗红粮"不仅拉长了农业农村现代化的"产业链"，也成为推进白酒高质量发展的战略性一步。

作为第一批国家级非物质文化遗产，汾酒酿造技艺现建有两个传承基地：一个是汾酒博物馆传统酿酒生产基地，一个是杏花村汾酒老作坊传统酿酒基地，为汾酒酿造技艺传承人提供了强大的支撑。在继承先人酿造技艺的同时，汾酒公司积极面对从手工业生产转向现代工业生产的挑战，不仅科学系统地研究制定出汾酒质量标准，还与时俱进积极推动汾酒的国际化，提出制定中国白酒的国际标准，于2015年率先发布并执行与国际蒸馏酒食品安全标准接轨的汾酒食品安全内控标准，成为全国白酒行业第一家发布该标准的企业。

汾酒公司与江南大学、山西大学、山西农业大学等高校合作，并建立国家级技术科研中心、博士后流动站，用理论去指导实践，在保护中传承，用传承来保护。

杏花村汾酒从深邃的华夏文明中一路走来，向民族振兴崛起的方向奔腾不息；用守护国宝技艺的工匠精神，引领着中国酒文化前行的方向；浓缩于汾酒的非遗技艺，将随着酒香漂洋过海，推动中国文化在全世界传播。

强化普及与宣传。汾阳市结合晋中文化生态保护实验区建设，以文化和自然遗产日、传统节庆活动为契机，深入各镇（街道），集中发放印有保护区字样的传单、便利袋、笔记本，广泛宣传；利用群众喜闻乐见的形式进行展示、展演；制作宣传广告牌，安置于大型社区、知名景区以及市中心公共活动场所；编印《汾阳剪纸》《冀村镇的传说》等非遗文化系列丛书，对汾阳非遗项目和保护区建设工作进行大力宣传和推广，讲好非遗文化故事，营造浓厚传承氛围。优选吕梁非遗品牌，设置非遗购物节、美食体验区，举办线下非遗展销、线上直播销售活动，打造沉浸式体验场景，推动了非遗保护成果更多惠及人民群众，更好地服务经济社会发展。

同时，注册汾阳非遗抖音、快手账号，通过开展"非遗过大年""非遗传承直播"等线上活动传播非遗项目、展示传承人风采，经过几年的努力，汾阳非遗抖音号粉丝接近1万，非遗中心受到文化和旅游部的通报表扬。

大力实施非遗进景区、进社区、进校园等活动，推动非遗活态传承。汾阳市组织地秧歌、剪纸、汾孝秧歌、泥塑等传承人，在汾阳市演武镇小学、禹门河小学、栗家庄小学、实验小学、西关小学、北关小学等学校常态化开展校园活动，取得累累硕果。非遗进校园已成为传承中华文明的一种重要方式，成为实现非遗保护与中小学文化教育相结合的有效途径，有助于学生了解、接触和感受传统文化，也有助于非遗在中小学生身上的传承与发展。

（四）国家级晋中文化生态保护实验区孝义片区

作为全国皮影木偶艺术之乡、全国文化先进市、全国文明城市，孝义市围绕"遗产丰富、氛围浓厚、特色鲜明、民众受益"的建设目标，加大对各类文化遗产的保护力度，加强对非遗与旅游、文艺创作等板块的统筹推动，加深对文化遗产与自然生态的系统性保护，非遗融入百姓生活、助力文旅融合作用日益凸显。

培植文化根基。孝义市将非遗纳入全市总体工作部署，和城乡建设、全域旅游、乡村振兴、脱贫攻坚、生态保护、公共文化服务体系建设等统筹规划、协调推进、融合实施。编制《晋中文化保护实验区孝义规划》，有效推动非遗保护与地方经济、文化、旅游等各方面资源有效整合、协同发展。市人大、市政协组织专题调研和审议，凝聚政府、企业、社会、团体多方合力，确保非遗保护工作的可持续、高质量推进。成立专家评审委员会，负责非遗项目、传承人申报和评定工作；组建孝义市非遗保护中心，核定财政拨款事业编制 3 名；设立孝义市民间艺术研究中心管理碗碗腔剧团、皮影木偶剧团两个国有控股国家级非遗项目保护单位，建有孝义皮影木偶博物馆 1 个，财政全额和差额供养人员 126 人。指导注册成立非遗保护与研究类协会 13 个，注册会员近 2000 人，辐射人次近万人。这些措施的落实，切实强化了对晋中文化生态保护区工作的组织领导、规划引领、统筹协调。

积极引导社会力量和民间资本发挥作用，形成了政府主导、社会参与、多元投入、协力发展的保护机制。孝义市被列入晋中文化生态保护实验区以来，累计投入 2681 万元，其中申请上级资金 228 万元、市财政投入 1373 万元、社会投入 1080 万元。孝义还制定了《文化类专项资金管理办法》《非遗传承人传习活动补助管理办法》《非遗图书编撰补助办法》等规章制度，严格遵守非遗资金专账核算、专人管理、定期审计等流程，有力保障了保护区建设。

推动保护区非物质文化遗产保护工作由抢救性保护向预防性保护、数字化保护转变，从传承性保护向生活性保护转变，编辑出版晋中文化生态保护实验区孝义非遗丛书32种，《孝义三弦书调查与研究》《孝义碗碗腔唱段选录》等抢救性记录丛书6种；恢复非遗传统剧目28部，包括孝义碗碗腔传统戏《三子争父》《乞丐与状元》《春江月》《福寿镜》等11部，皮影戏《收五毒》《红灯记》《白蛇传》《年年有鱼》等12部，木偶戏《孙悟空三打白骨精》《徐策跑城》《走山》《忠报国》等5部，其中《孙悟空三打白骨精》荣获文化和旅游部第七届儿童剧剧目展演二等奖。

对民间皮影老艺人进行录音、录像整理，恢复最古老的纸窗皮腔皮影剧本《封神演义》10本、制作《孝义皮影木偶艺人口述史》《非遗传承人纪录片》等数字化保护产品50个。在市文化馆、三皇庙景区和6个市图书馆总分馆试点单位布局非遗书屋，免费开放32种非遗图书阅览和50个视频剧目观赏服务。

目前，孝义市有非物质文化遗产代表性项目10类63项，其中国家级4项、省级10项、吕梁市级17项、孝义市级32项；有非物质文化遗产代表性传承人203人，其中国家级5人、省级23人、吕梁市级71人，孝义市级104人。

延续历史文脉。孝义市秉承将非遗文化融入现代生活、融入旅游发展、融入现代文创产业、融入公共文化服务体系的建设理念，不断创新实践，使非遗保护传承更加高效和精准，使保护区创建更具内涵与活力。

孝义市以国家级非遗项目孝义皮影、木偶、碗碗腔和贾家庄汉民族婚俗等为主体，依托国家第三批传统村落贾家庄、4A级景区三皇庙等场所，打造了集展示、传习、演艺、体验、产品展销于一体的非遗文化综合体验平台——孝义市非遗综合传习中心；支持社会资本建成南曹村豆腐传统制作技艺、羊羔酒传统酿造技艺、杏野砂器传统制作技艺、孝义传统木雕制作技艺4个生产性保护基地；依托孝义面塑、苏家庄年俗等非遗项目建成了9个单体非遗项目展示馆；支持武兴、张建琴、王钟、王茂伟等非遗传承人设立皮影木偶、剪纸、面塑等传习工作室18个；支持皮影研究会、秧歌研究会、秧歌票友协会、民间歌舞艺术研究会、碗碗腔票友协会等社会组织组建非遗文化艺术团6个；初步构建了以市非遗综合传习中心为主体、以38个传承传习发展平台为辐射的非遗文化保护传承发展组合体，形成了活态与静态展示相互补充，保护、传承与开发良性互动的局面。

培养传承人群。孝义市建立了较为完整的传承人管理发展机制，通过实施非遗传承人政策扶持、研修研培、以演代训等政策，非遗传承人群得到培育，传承人传承水平明显提高。

孝义市坚持"走出去、请进来"，实施非遗传承人培养工程，完成了国家艺术基金资助项目孝义皮影戏、孝义碗碗腔传承人群培养项目，培养提升传承人 80 名；与吕梁艺术学校签订非遗传承人合作培训协议，专门培养皮影戏、木偶戏和碗碗腔传承人，目前已招收 53 名学员，并选派 7 人参加中北大学、山西省艺术科技研究院皮影艺术、装裱修复免费培训班；建立了孝义市职业技术培训学校非物质文化遗产传统技艺培训基地，面向社会，特别是城乡贫困人口、高校毕业生、退役军人免费开展孝义面塑、剪纸、皮影、木偶等传统制作技艺培训，受益人群达 1000 余人次，培养壮大了非遗传承人队伍。

拓展传承方式，激发社会力量积极参与。制定出台了《非遗传习活动补助办法》，对传承人进校园、农村开展培训活动每人每天给予 50 元补助。孝义市设立非遗文化第二课堂，开展剪纸、面塑、皮影、杨氏太极拳等 8 个非遗项目进校园系列活动，年均举办教学讲座 2000 余场、互动展演 200 余场，传习 3 万余人次，覆盖 2 所高校、16 所中小学校、3 所幼儿园。实行以演代训，在孝义三皇庙、临县碛口、大同云冈石窟等旅游景区，动态培养皮影、木偶制作表演专业人才 100 余名。

孝义市积极发挥传承人在非遗展示和传播方面的作用，组织开展了非遗保护单位和传承人传习展览、展示、展演评比活动，设立民间艺术大师奖、带徒传艺奖和学艺有成奖，对优秀师父和徒弟给予奖励；组织青年学生参与文化遗产的传承和保护，涌现出非遗义务普查员 400 余名；支持郭伟伟、侯建川等非遗传承人牵头成立皮影木偶民间表演团体；孝义皮影、木偶、孝义碗碗腔展示馆集聚了一批戏迷票友常年开展活动。项目传承人评审实行"1+2"模式，即每 1 名传承人至少带 2 名徒弟。这样，即使民众收获了更多非遗文化的滋养，非遗传承也有了生生不息的力量。

融入现代生活。孝义市深入挖掘晋中文化生态保护区富矿，连续组织 7 届孝义民俗文化节、孝义市非物质文化遗产保护成果展、孝义非遗文化旅游节等活动；以乡村文化振兴为导向,逐步打造贾家庄汉民族婚俗、南曹村豆腐传统制作技艺、苏家庄年俗、杏野砂器传统制作技艺等4个非遗文化生态村;推出汉民族婚俗体验游项目,带动形成晋商古驿道——三皇庙——南曹村豆腐传统制作技艺体验园——仁义村红色主题展馆为节点的孝义非遗文化一日游线路;依托古民居、古庙、古驿道设置非遗文化、红色文化、农耕文化等主题展馆8处,组织各类舞台展演、古驿道行进式表演56场,累计接待市外游客10万人次,初步形成"孝义非遗文化体验游"品牌。

孝义市发挥传统戏剧剧种资源丰富的优势,把保护传承和开发利用有机结合,赋予了其新的时代内涵。新创排了大型碗碗腔现代戏《酸枣沟》、碗碗腔小戏《连心曲》《风雨核桃情》,其中《连心曲》获延安戏剧奖、陕甘宁晋蒙七市小戏小品联赛优秀剧目奖,《风雨核桃情》在央视戏曲频道《一鸣惊人》栏目播出。新排了反腐倡廉皮影戏《如此福利》《清风》等6部、消防安全皮影戏《楼道曲》《常闭防火门》等4部、公安题材皮影戏《片警老张》《大爷大妈捂紧您的钱袋子》2部。新排了木偶戏《红军娃》《天女散花》《战马红旗》,其中《红军娃》入选文旅部"庆祝中国共产党成立100周年舞台艺术精品创作工程""百年百部"创排计划,《天女散花》在央视戏曲频道《一鸣惊人》栏目播出。

扩大交流影响。向下走,让非遗保护惠及亿万群众;向上走,推动其成为民族国家主流文化;向外走,让非遗成为社会文明的火种,在中华大地形成燎原之势。

向下走,在4A级景区三皇庙设立非遗文化展示体验馆,并列入景区免费开放项目,常态化演出非遗剧目,演出人员20余人,年演出场次200余场;建成临县碛口风景旅游区孝义皮影木偶艺术展示馆,创作《梦回碛口》皮影戏,列入碛口景区文化旅游项目。皮影木偶戏、碗碗腔被列入"政府买单、群众看戏"项目,周末剧场年演出96场,送戏下乡每年均在200场以上。

向上走,孝义市碗碗腔、皮影、木偶戏等项目多次参加全国非遗博览会、中国古村镇大会、山西省文化艺术节、山西省文博会、吕梁市非遗博览会等文化交流活动,进行展览、展示、展演活动。《孝义贾家庄汉民族婚俗》《孝义木偶戏》《孝义柿叶茶传统技艺》《南曹村豆腐传统制作技艺》4个非遗节目在央视7套《农广天地》

和山西省电视台宣传播出。碗碗腔小戏《风雨核桃情》、木偶戏《天女散花》参加央视《一鸣惊人》栏目的节目录制。

向外走，孝义皮影木偶戏走出孝义，入驻太原、大同、碛口、深圳等旅游景区，实现晋中文化资源在省域内外高质量传播。

三、活化利用存在的问题与挑战

非遗活化利用过程中不同程度地存在资金不足、融合不够、市场认可度不高、普及率较低等问题。

非遗专项资金不足。非物质文化遗产的传承发展与活化利用需要大量的人力、物力和财力的支持，每年需要投入大量财力，缺乏稳定的资金来源将导致保护工作难以维系。非物质文化遗产宣传展示、非物质文化遗产制作技艺比赛等也都需要大量的财力支持，资金缺乏限制了举办各级各类非物质文化遗产保护传承活动的规模和质量。一些非物质文化遗产保护项目缺乏自身造血机制，基本都是免费表演，自身造血能力低。

产业融合不充分。吕梁拥有丰富的煤炭、铁矿等矿产资源，且地处黄土高原，拥有得天独厚的农业条件，农业潜力巨大；因为市场的带动，特色农产品如小米、红枣等深受市场欢迎，为当地农民带来了丰厚的收益。因此，吕梁市较为重视这几类行业的发展，给予了政策的倾斜，而对旅游业不够重视，一段时间来可以说是停滞不前，除名气较大的景点外，其他景点均被忽略。在乡村旅游发展中，一些拥有非遗的村庄也偏向于发展农业采摘、观光等，以农事体验、采摘、观赏为噱头吸引游客，非物质文化遗产的作用不明显。综上原因导致了产业融合不充分、原动力不足，且非遗与乡村旅游结合起来发展的资金不足等问题。

产品开发层次低。从旅游产品生命周期理论来看，吕梁市乡村旅游产品处于第一个阶段即导入期阶段，这一阶段的特征为产品刚刚进入市场，生产设计完善度较低，部分旅游产品有模仿同类型优秀景区的旅游产品的情况出现，游客购买或接受服务出于"试水"的心理，销售量缓慢增长，旅游企业需要加强宣传。应当承认，吕梁市乡村旅游发展处于最原始阶段，以时令季节的采摘为主，与周边县市的乡村旅游活动类似，同质化问题严重，缺乏新奇的产品，并在采摘时节靠降低价格为手段，容易引起恶性竞争。部分农家乐的美食趋同，如土生土养的家禽家畜等。旅游产品也多以红枣、小米、碗托、石头饼等农副产品为主，游客购买的欲望不大，很难吸引其他县市的游客前来。

人才培养断层。非物质文化遗产的传承与保护工作在专业性方面有着较高的要求，对人才的技艺以及其他能力的要求就比较严苛，目前吕梁非物质文化遗产传承与保护队伍对专业人才的需求"如饥似渴"。此外，大多数传承人长期生活在农村，有的自小没有得到正规教育的机会，还有的传承人年事已高，虽然他们功底深厚，但是对所传承的技艺用语言表达时文字能力不足，也缺乏更深层次的研究非遗内涵的能力，在传承艺术和技艺时创新能力后劲不足。对于传承人而言，如今最困难的事情就是选徒弟。如今的一些年轻人随着时代观念的变化追逐经济利益，对传统手工艺不感兴趣，而一些非遗技艺需要足够的耐心、细心，每天坐班八个小时以上，所以对这样的工作有兴趣、能吃苦的年轻人不多。一些非物质文化遗产工艺流程难，需要有一定的天赋，比如孝义皮影戏、中阳剪纸、岚县面塑等就需要有一定的美术功底和艺术天分，不是所有人都能学会。另外，部分非遗并不能让传承人有超高的物质享受，存在付出的劳动与经济收入可能不成正比的情况出现。

学校教育普及程度不高。尽管吕梁学院比较重视优秀传统文化在校园的传承，开展了部分非遗教学、研究、展览、陈列等活动，建设了中阳剪纸和孝义皮影木偶戏传承基地，但总体上看，当前高校教育体系在对待这些非遗文化时显得重视程度不足，与非遗相关的专业知识与技能培养均显薄弱，非物质文化遗产进校园总体上有蜻蜓点水之感，举办活动在深度和广度上均有所欠缺，难以构建成一个全面、连贯的教育体系，更缺乏长远规划的教学计划与丰富的教材资源。同时，高校与地方文化部门、文化遗产保护机构的合作相对有限，导致非物质文化遗产的传承与创新缺乏有效的实践平台和项目支撑。高校教师在非物质文化遗产领域的专业培训和实践经验相对有限，相关的学术研究、项目资助和成果转化也都相对有限，这就进一步限制了非物质文化遗产教育的有效性。

鉴于上述情况，要加强政策引导，活化非遗传承，鼓励非遗传承人守正创新，将传统技艺和当下时尚相结合进行作品创作；推广非遗"进校园、进机关、进社区、进军营、进乡村、进景区"六进培育机制，增设非遗培训课程，通过"静"的物质文化遗产和"动"的非物质文化遗产相结合，让文化遗产真正"活"起来。

要加强资金扶持。充分发挥好非遗专项资金的杠杆和引导作用，吸引更多的社会资本参与，调动社会团体、企业和个人的积极性，多渠道筹集资金，吸纳更多民间资本投入非遗保护。发动群众和社会各界力量，从政治、经济、文化、教育等多个领域，共同探索有效的保护措施，形成以政府为主体、社会各界广泛参与的非物质文化遗产保护长效机制。要推动非遗融合发展。鼓励传承人、社会力量举办各类研学和体验活动。推动非遗传承与乡村振兴相结合，发挥非遗在实施乡村振兴战略、新型城镇化建设中的积极作用，服务乡村产业创新发展的需要，增强乡村产业产品的文化属性、品牌效应和对外辐射能力。将非遗项目及元素与时尚潮流、影视综艺、健康养生、休闲体验等产业对接，持续打造"非遗+"品牌，推出非遗精品旅游路线和演艺作品，让群众零距离接触非遗，营造"懂非遗、学非遗、爱非遗"的社会氛围。

第三章

▼

典型案例：
吕梁非物质文化遗产保护的
实践与启示

第一节　代表性非遗项目介绍

吕梁的历史遗存灿若星辰，非遗技艺精湛绝伦。丰富的非遗资源，在这里代代相传，多样的非遗文化，在这里碰撞、共生、共荣，造就了多彩吕梁。这些非遗资源如珍宝般闪烁在绿水青山间，它们是吕梁文化自信的核心要素与竞争力，也是吕梁乡村振兴的动力。

国家级非物质文化遗产名录将非物质文化遗产分为十大门类，其中五个门类的名称在 2008 年有所调整，并沿用至今。十大门类分别为：民间文学，传统音乐，传统舞蹈，传统戏剧、曲艺，传统体育、游艺与杂技，传统美术，传统技艺，传统医药，民俗。其中，吕梁市国家级非物质文化遗产项目涉及七类，现列举如下：

一、传统音乐（民间音乐）

（一）文水鈲子（民间音乐）

文水鈲子流传于山西省中部文水县及其周边地区，是一种古老而独特的民间音乐艺术，因表演中使用一种当地人俗称鈲子的特制打击乐器铜质小钹而得名，又因起源于山西省文水县凤城镇岳村，当地民众习惯上称之为岳村鈲子。

文水鈲子起源于当地古代祈雨仪式，逐渐与民众的生活习俗结合，成为迎神赛社和日常迎宾的仪仗音乐。文水鈲子是一种多段体套曲结构的民间打击乐，全套锣鼓可分为三段，包括七个鼓点，形成结构严谨、完整统一的民

图 17　文水鈲子国家级传承人武济文

间艺术珍品。经后世不断挖掘整理，有《雷鸣电闪》《乌云翻滚》《普降甘霖》《喜庆丰收》四部乐章，富有丰富的艺术内涵。

文水鈲子音乐表演使用的乐器有小钹、大钹、大铙、大鼓（雷公鼓），主奏乐器鈲子，造型别致、发音独特，小钹是铜质的，锻锤制成，钹碗大、钹沿小是其特色，钹面直径约 20 厘米，钹碗直径约 16 厘米，重约 0.8 千克。因其乐器的不同组合、独特的敲击方法和演奏姿势等呈现出独特的音响效果。

演奏技法除擦击、错击、挽抹、闷击等几种传统技艺外，还有磨击、滚击、刮击、半击、边击、对击、抛击等几种特殊的演奏技巧。抛击尤其令人叫绝：大钹手们不时将钹一齐抛起以示闪电，然后再准确地接回手里，无论抛起多高，落下来节奏始终不乱，惊险而刺激，令人目眩。

文水鈲子的艺术特色是在演奏的声效中，以锤猛击大鼓表示惊雷，以锤轻击鼓面表示闷雷。大铙的"擦击"声模拟风的回响效果，大钹的"抛击"模拟闪电的视觉效果，经双手紧握捂击，发出迅急的"鈲鈲鈲"之声，好似倾盆大雨；小钹从上而下退击，发出"鈲鈲鈲"的声响，好似沥沥细雨；双手左右擦击的声响，又好似风中雨声。演奏时，演奏者两手满扣钹碗，控制余音不使其扩散，使之发出清脆、明亮、悦耳如雨打芭蕉的"鈲鈲鈲"之声。

1949 年中华人民共和国成立后，文水鈲子被广泛运用，同时被赋予了新的内涵，影响逐渐从岳村扩大到了整个文水县，并多次参加全国性的比赛，频获殊荣，成为名副其实的锣鼓精品，被誉为"三晋锣鼓中的一绝"、山西省锣鼓四大精品之一。2006 年申遗成功后，岳村鈲子更名为文水鈲子，经国务院批准，被列入第一批国家级非物质文化遗产名录。2019 年《国家级非物质文化遗产代表性项目保护单位名单》公布，文水鈲子艺术研究协会被文化和旅游部认定为传统音乐"文水鈲子"项目的保护单位。

（二）临县大唢呐（传统音乐）

临县大唢呐是山西传统民俗音乐，流传在山西省临县及周边市县。其风格传承了陕北大唢呐粗犷豪放、激昂洪亮的特征，又吸纳了晋中平川小唢呐细腻动听、优雅婉转的一面。排街则威武雄壮，坐场则幽雅宛转，哀则凄切缠绵，喜则喧闹红火。

图18　①临县大唢呐碛口演出场景；②临县大唢呐国家级传承人刘晓弘；③临县黄河大唢呐艺术团演出现场；④刘晓弘所获奖杯。

临县大唢呐有传统曲目100多首，这些曲目多系古曲牌传承下来的，"腮振音""气哄音"与"死曲活吹"等吹奏技艺独具特色，打击乐鼓点"合愣则""大得胜""小得胜"等传统配器合奏形式罕见，对研究中国音乐史和民族音乐结构有比较高的参考价值。

2013年，在第十届中国艺术节"中国民族器乐民间乐种组合展演"中，临县大唢呐荣获非专业组演奏奖，为吕梁乃至山西夺得文化部举办的民族器乐民间乐种比赛的第一个奖项。2014年，被列为第四批国家级非物质文化遗产代表性项目。2019年，入选调整后的国家级非物质文化遗产代表性项目保护单位名单。

二、传统戏剧

（一）孝义碗碗腔

孝义碗碗腔是一种古老的传统戏剧，主要流布于吕梁、晋中、太原等地，是中华人民共和国成立后在孝义民间皮影戏的基础上发展而成的。因以"碗碗"（碗状铜铃）为主要击节乐器而得名，又因皮影在夜间演出，以纱窗借光亮影，故又称"月

图19　孝义碗碗腔国家级
传承人张建琴剧照

调""影调""纱窗腔"。

孝义碗碗腔唱腔结构属于板腔体，有两种声腔：皮腔和碗碗腔。两种声腔均来自孝义皮影戏，即纸窗皮影唱皮腔及纱窗皮影唱碗碗腔。皮腔的渊源有两种说法：一说形成于北宋时期，一说形成于战国时期。皮腔因主要以唢呐为伴奏乐器，故亦称"吹腔"。有专家认为孝义吹腔是戏曲中最古老的声腔之一。皮腔唱腔有两种形态：一种为四句体，"起承转合"结构，艺人多称为"平板（慢板）"，加锣鼓点称为"流水"；另一种是可以多次反复的上下句唱腔，艺人称为"垛板"。伴奏分武场和文场。碗碗腔因有一碗状铜铃参与伴奏而得名，属特殊的板腔体结构，不能以常规的板眼来规范节拍。碗碗腔唱腔的特点是真假声混用，多用"虚词假声腔"。假声唱法分两种：一种是"二音子"；另一种是"尖音子"，"尖音子"是在"二音子"基础之上再翻高而形成的。碗碗腔的唱腔没有行当之分，只有男女之别。表现人物感情、塑造人物个性，主要靠演唱者不同的唱法。这种腔既宜演现代戏，又宜演传统戏，只是在表现慷慨激昂的火爆戏上，有一定局限性。

碗碗腔的优秀剧目，如《柳树坪》《三上桃峰》《风流父子》《风流姐妹》《风流婆媳》《酸枣坡》等，为凝聚民族精神、增强民族团结、激励民族斗志起到了重要作用。

1950年，由皮影艺人那鹏飞、高仲玉、冯庭荣等将《白毛女》《赤叶河》《血泪仇》等现代戏搬上皮影舞台。1959年，孝义皮影戏班在太原被组建为太原市碗碗腔剧团，并改由真人演出，从此皮影戏碗碗腔正式发展为舞台剧。同时孝义也成立由真人表演的碗碗腔剧团，使这一古老的艺术形式得到了新的发展，并培养出赵篆英、王冬兰、赵姣兰等一批青年演员。

2006年，孝义碗碗腔经国务院批准被列入第一批国家级非物质文化遗产名录。2019年，《国家级非物质文化遗产代表性项目保护单位名单》公布，孝义市碗碗腔剧团演出有限公司获得孝义碗碗腔项目保护单位资格。

（二）孝义木偶戏

孝义木偶戏属杖头木偶戏，于宋代传入孝义地区。开始时孝义木偶戏独立成班，后与皮影戏合成一个班社，即"灯影班"。灯影班白天上演木偶戏，晚上上演皮影戏，素有"两种形式，三种唱腔"之称，即木偶、皮影两种演出形式，以及皮腔、碗碗腔、晋剧三种唱腔。最初演出时用孝义秧歌干板腔、皮腔和中路梆子（晋剧）演唱，后来又加入碗碗腔。

孝义木偶戏的木偶造型简洁粗犷，神态灵活生动，机关奇巧适用，极具北方特色。制作一个木偶需要经过泥塑、倒石膏模等几十道工序，既耗时，又耗力。

图 20　孝义木偶戏国家级传承人武兴

孝义木偶戏的表演细腻且内容丰富，艺人通过插于木偶上的一根木棒和两根操控木偶手的细铁棒来操作整个木偶，实现"人偶合一，上下传神"的艺术效果。木偶不仅可以表演戏曲中的甩发、喷火等高难度动作，而且还可以表演川剧变脸、书法等绝技。

图 21　采访人刘玉秀（左一）、常志刚（左 3）
与武兴（左 2）合照

1956 年，孝义皮影木偶艺术团成立，使孝义木偶戏获得了新生。1975 年，孝义木偶戏移植现代戏《草原红花》参加全国调演，并排练出一大批优秀剧目。1989年，孝义木偶戏赴英国进行对外交流演出。1997 年，孝义木偶戏参加《英雄出少年》《坷垃传奇》等木偶电视连续剧拍摄。2008 年，孝义木偶戏经国务院批准被列入第二批国家级非物质文化遗产名录。孝义市皮影木偶剧团演出有限公司被认定为孝义木偶戏的保护单位，并多次通过参加演出、交流等方式推动孝义木偶戏的传承与发展。

（三）孝义皮影戏

孝义皮影戏因流行于山西省孝义市而得名，据专家考证，它起于战国时期，是中国最早的皮影发源地之一。另有史料记载，孝义皮影在宋金时代已有班规、雕簇者存在，说明孝义皮影在宋金时代已发展成熟。明清时期为孝义皮影的鼎盛期，当时孝义境内皮影班社有 60 多家。

孝义皮影戏以麻纸糊窗作屏幕，凭借悬吊在纸窗后的麻油灯亮影。演员在幕后操纵各式各样的皮制道具，通过灯光投影到白色幕布上，并配以乐器伴奏、唱腔和道白，使观众看到和听到有声有色的各种戏剧故事。

孝义皮影在明代之前以羊皮为雕刻材料，体高 58 厘米—60 厘米，俗称"二尺影"。到清代，皮影体高缩至 42 厘米—48 厘米，俗称"五尺影"，三岁牛皮为雕刻的上等材料。孝义皮影造型粗犷、简练夸张，线条遒劲有力，极富韵味。皮影的制作需要经过制皮、描样、雕镂、上色等多道工序，每一道工序都需要匠人的精心雕琢和彩绘。

孝义皮影戏的声腔体系独特，以皮腔为主要曲调。皮腔音乐以唢呐为主要伴奏乐器，因此又称"孝义吹腔"。它是中国最早的民间吹腔之一，具有浓郁的地方特色。

孝义皮影亦称"灯影儿""纸窗子"。一般纸窗面积为 1.75 米 × 1.21 米。纸窗糊制有严格的裁纸、毛边、对口、粘贴、平整等五道工序，其窗平整无皱，雪白无瑕。

2006 年，孝义皮影戏经国务院批准被列入第一批国家级非物质文化遗产名录。2019 年，《国家级非物质文化遗产代表性项目保护单位名单》公布，孝义市文化馆获得"孝义皮影戏"保护单位资格。

（四）临县道情戏

临县道情是由说唱道情演变而成的传统戏曲剧种，属于道情系统中的北路系统。临县道情的兴盛与发展没有明确的文字记载，只能根据民间歌谣和老艺人的介绍进

图22 采访人刘玉秀与临县道情国家级传承人任林林合照

行推测。临县群众中至今流传着这样的歌谣："炒鸡蛋，烙烙饼，弹起弦子唱道情。宁看道情《小姑贤》，不去房山做巡检。"临县前小峪村道情老艺人郝顺德说，他的上三代师傅雒思福曾是道光年间的著名道情艺人。后刘家庄的老艺人刘成功也说刘家庄的道情班是清同治年间搞起来的。可见至迟在清朝道光年间临县已有道情戏的活动应是事实。

临县道情传统唱腔为曲牌体，分为平调（由道歌演变成型的唱腔）和小调（当地民歌同道歌结合形成的唱腔）两大类。伴奏乐器在说唱道情阶段由"文八仙"和"武八仙"，即"文场四大件"（管子、四胡、竹笛、笙）和"武场四大件"（渔鼓、简板、小钗、木鱼）组成。红、黑、生、旦、丑行当齐全，以"二小"或"三小"为主构成角色体制，角色很少化妆，服装以单色为主，很少杂色，没有五彩斑斓的视觉效果。演唱方式以坐唱为主，兼有站唱、背唱、边唱边舞以及帮腔等多种形式。该剧种表演行当以小生、小旦、小丑为主，旦角多行快步、碎步，与轻快的道情音

图23 三下乡合照：采访人刘玉秀（左一）、王星宇（左三）
与任林林（左二）

乐节奏相协调。须生的表演则以稳健的坐唱为主，保留了道情说唱时期的痕迹。其音乐婉转缠绵，曲调开朗而流畅，节奏明快而活泼，艺术风格柔美而典雅、浪漫而抒情，充盈了浓郁的乡野生活气息。

临县道情早期剧目中最有影响的是《经堂会》《卖道袍》《祈子》《三度林英》《张良撒家》《盘道》等，多为宣扬道家离世高蹈之作，受观众欢迎的还有《李大闹店》《张连卖布》《打樱桃》《唤妹子》《扯凤裙》《合凤裙》《挂画》《戏凤》等。中华人民共和国成立后，林县道情排演优秀现代剧目 50 余部，经常上演的剧目主要有《小二黑结婚》《三世仇》《柳树坪》《朝阳沟》等。1962 年，在山西省戏剧调演中，新创排的道情小戏《柳树坪》获一等奖。2002 年，在山西"三小"调演中，新创排的道情剧《保姆》获一等奖，并获山西省"五个一工程"奖。2019 年，《国家级非物质文化遗产代表性项目保护单位名单》公布，临县道情研究中心（吕梁市民间艺术团）获得"临县道情戏"项目保护单位资格。

三、传统美术（民间美术）

（一）中阳剪纸（民间美术）

中阳剪纸主要分布于中阳县境内南川河流域、刘家坪地区和西山边远山区，以当地民俗信仰、岁时节令、人生礼仪、神话传说为主要表现内容，其中既有以鱼、蛙、蛇、兔为主题的装饰纹样，也有配合岁时节令、人生礼仪的民俗剪纸，还有以民间神话为题

图 24　采访人刘玉秀与中阳剪纸国家级传承人
王计汝合照

材的剪纸作品。中阳剪纸多以红纸剪成，体现着喜庆、热烈的民俗气氛，有时也根据风俗习惯，运用紫、黑、黄、绿、蓝等彩色纸剪制作品。

1986 年，中阳荣获文化部授予的"剪纸艺术之乡"称号；2006 年 5 月 20 日，中阳剪纸经国务院批准被列入第一批国家级非物质文化遗产名录。

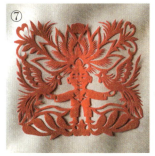

图25 ①王计汝编织的钥匙扣；②王计汝编织的鱼；③"马上封侯"；④灯笼上的贴纸；⑤"兔子戏白菜，夫妻很恩爱"；⑥"鸡踏莲，挣大钱"；⑦"生命树"；⑧受访者提供的剪纸草稿——兔。

（二）面花（岚县面塑）

岚县面塑是用普通小麦粉做出的各种面制品，在岚县，捏面塑作为一种古老的民俗活动，每年农历二月十九，岚县旧城内即岚城北街，有一传统的古庙会即"贡会"。其主要活动形式就是摆贡，用面塑这种形式体现出民间大众追求真、善、美的一种礼祭活动。与传统的面塑相比，其

图26 三下乡合照：采访人张紫萱（左一）、刘玉秀（左二）、王星宇（左五）与岚县面塑国家级传承人袁建花（左三）及其女儿刘丽丽（左四）

图 27　①②吕梁市岚县面塑文化一条街所挂牌匾；③袁建花所获奖项；④岚县面塑半成品；⑤抗疫面塑；⑥"大展宏兔"面塑；⑦"风清气正"面塑；⑧串燕面塑；⑨面塑摆放的展架。

摆供场面之壮观、仪式之隆重、形式之独特、供品制作技艺之精美堪称一绝。每年农历二月十九，集艺术性、观赏性于一体的面塑艺术竞技盛会在这里举办。岚城整条北街，长 1000 余米的长龙式供台上陈列着由农家集中参展的祭祀面塑品，供品琳琅满目、场面蔚为壮观。每年这一天，当地百姓用技艺精湛、制作精美的面塑供品，诸如象征六畜兴旺的家禽，象征长寿的松鹤延年、寿星、寿桃，象征喜庆吉祥的如意璧合、鱼跃龙门、马上封侯，也有历史故事和民间传说中的唐僧取经、悟空降妖、八戒偷瓜、天仙配、鹊桥会等。岚县面塑品除了在制作原料的处理工艺上有所考究外，在捏、剪、割、揉、夹、压、盘、叠、镶、嵌、组合、压纹、纹花、色调配制等方面也极其讲究。

2009 年，"岚县面塑"被列为山西省省级非物质文化遗产；2014 年，被列入国家级非物质文化遗产保护项目。

四、传统技艺（传统手工技艺）

（一）杏花村汾酒酿制技艺（传统手工技艺）

杏花村汾酒酿制技艺以晋中平原的"一把抓高粱"为原料，用大麦、豌豆制成的"青茬曲"为糖化发酵剂，采用"清蒸二次清"的独特酿造工艺。所酿成的酒，酒液莹澈透明，清香馥郁，入口香绵、甜润、醇厚、爽冽。杏花村汾酒酿制技艺工序繁杂，经过磨碎、润糁、蒸糁、发酵、蒸馏、贮藏等六道主要工序来最终酿制成杏花村汾酒。汾酒酿造工艺可归纳为"七大秘诀"，即"人必得其精，水必得其甘，曲必得其时，高粱必得其真实，陶具必得其洁，缸必得其湿，火必得其缓"的"清蒸二次清"工艺。2006年，杏花村汾酒酿制技艺被列入第一批国家级非物质文化遗产名录。

图28 采访人刘玉秀与滩羊皮鞣制工艺国家级传承人张晓春合照

变性作用。鞣制后的皮革既柔软、牢固，又耐磨，不容易腐败变质。滩羊皮鞣制工艺较为复杂，完全依靠手工操作，有洗、泡、晒、铲、钉、鞣、吊、压、裁、缝等20余道工序，鞣制过程中需加入黄糜（和黍同类的谷物）、皮硝、皂角等辅料，最终生产出滩羊皮成品。

（二）滩羊皮鞣制工艺（传统技艺）

交城滩羊皮鞣制工艺起源于明代中期，历经400余年。滩羊皮革的鞣制就是用鞣质对皮内的蛋白质进行化学和物理加工。它通过一系列的鞣制工艺，并采用一些化学药剂，使牛、猪、羊等动物生皮内的蛋白质发生一系列变化，并使胶原蛋白发生

图29 ①滩羊皮鞣制技艺成品：毛皮大衣；②③滩羊皮工艺品。

2008年，滩羊皮鞣制工艺被列入第二批国家级非物质文化遗产名录。2019年，《国家级非物质文化遗产代表性项目保护单位名单》公布，交城县义泉泰皮业有限公司获得滩羊皮鞣制工艺项目保护单位资格。

（三）文水葫芦制作技艺（传统技艺）

文水葫芦制作技艺是一种传统的民间工艺，以葫芦为载体，通过烙刻、针刻、彩绘等多种工艺手段，创造出具有丰富层次和色调的艺术品。这种技艺注重"意在笔先、落笔成形"，突出"以铁为笔，以火为墨"的艺术特征，能够保持中国传统绘画的民族风格，达到艺术和自然生物的完美结合。

文水葫芦制作技艺的历史可以追溯到民国时期，当时吴村的田间地头和房前屋后就栽种葫芦，制作成水瓢、酒壶等生活用品。后来，村民们在葫芦上烙刻吉祥的文字和图案，形成了烙画葫芦。2006年，吴村的刘石安和薛改莲成立了烙画葫芦协会，开展种植管理和技艺培训，使这一古老技艺达到了前所未有的繁荣。

文水葫芦制作技艺在2021年被列入国家级非物质文化遗产项目名录。目前，文水葫芦制作技艺已经形成了包括种植、加工、销售环节的完整产业链，产品包括八仙、罗汉、菩萨等吉祥艺术图案的葫芦工艺品，具有较高的艺术价值和收藏价值。

五、曲艺

离石弹唱

离石弹唱是一种传统说唱艺术，起源可上溯至宋代，流行在山西离石、柳林、方山、中阳一带，相传形成于清代中叶。"弹唱"用的乐器有三弦、扬琴、四音子（四胡）、笛子、管子、笙、四块瓦等，因伴奏以弹拨乐器为主，故也称"小曲弹唱"。"弹唱"的曲调和曲目很丰富，民间艺人有四大

图30　陶塑工艺品《离石弹唱》

景、八小景、七十二个闹五更、九湾十八调。其演唱形式是乐队坐成"一"字形或"八"字形，前面有一男一女（通常为以男扮女）手持彩扇边舞边唱。以对唱为主，兼有独唱和帮唱，中间还有少量插白。最有代表性的曲目是《审录》，演唱王金龙与苏三的爱情故事。还有《关公挑袍》《金钱莲花落》《赶舟》《唤妹子》《借顺顺》等，内容丰富，演唱形式活泼，音乐的乡土风味浓郁。2014 年，弹唱被列入第四批国家级非物质文化遗产代表性项目名录。

六、传统舞蹈（民间舞蹈）

（一）汾阳地秧歌

汾阳地秧歌是流传在山西省汾阳市、孝义市的一种民间艺术，分为文场和武场。文场地秧歌以演唱为主，武场地秧歌以舞蹈为主。汾阳地秧歌起源于唐朝宫廷艺术，后随汾阳王郭子仪后裔传往其属地汾阳栗家庄，逐渐发展而来。

图 31 三下乡合照：采访人贾晓涵（左一）、刘玉秀（左二）、朱林飞（左五）与汾阳地秧歌国家级传承人李长喜（左三）及冯家庄社区居委会妇联主席崔莹莹（左四）

汾阳地秧歌分为文场和武场。文场，就是不配丝弦的干板腔秧歌。文场秧歌大体分为两种形式：一种是过街唱的四六句子，也俗称过"街板"，由一个人演唱，还是两人唱或多人对唱，内容未定。其中，一部分是采用传统的秧歌小段，一部分是由艺人们自己编创的反映社会现实的小剧目。武场，是十二个角色边敲锣打鼓边按套路进行，可在固定场地表演，也可以边走边表演。表演中，除了各自的独特演技外，地秧歌的队形变幻也融进了兵家阵势的演变，有二龙出水、梳辫子、四对面、蛇蜕皮、蒜辫子、单勾心、十字花、三十六连勾、剪子股等多种。汾阳地秧歌的动作很有特点，各种势法和流传与当地的武术动作的

图 32 ①2016年汾阳地秧歌验收合照；②李长喜在禹门河小学传授学生汾阳地秧歌表演套路；③李长喜带领学生参加吕梁市非物质文化遗产展演活动。

架势有密切的关系。磕花棒的动作刚劲舒展，基本动作有"狮子大开口""叫棒""虎势""丁字七星步""金鸡独立""杆子势""旋风脚""跳马势""饿虎扑羊""踢腿打虎势"等。打小锣的女角婀娜多姿，基本动作有"怀中抱月""天女散花""坐盘""挑辫链""筛锣"等。打鼓子的动作滑稽矫捷，基本动作有"凤凰单展翅""凤凰双展翅""串花""虎势""马势""硬翻身""朝天一炷香""猴格佬马蜂""黑虎拖鞭""兔刨土土""野鸡串"等。地秧歌作为道具的乐器有花棒、小锣、腰鼓等。外围烘托气氛的乐器主要有大锣、大鼓、铙钹和亮锣。

2019年，《国家级非物质文化遗产代表性项目保护单位名单》公布，汾阳市人民文化馆获得"秧歌（汾阳地秧歌）"项目保护单位资格。

（二）临县伞头秧歌

伞头秧歌是一种规模大、有气势且极富特色的群众性节日歌舞活动形式，是中国北方众多社火秧歌中的一种。因以手执花伞者领头舞蹈和演唱秧歌，故称"伞头秧歌"。其主要流行在黄河流域的晋西和陕北黄土高原，具体指山西省吕梁市的临县、离石、柳林、方山、中阳、石楼和陕西省榆林市的吴堡、绥德、佳县、榆林、米脂、子洲、清涧等十几个县（区），以及延安市，其中尤以临县最盛，因此又称"临县伞头秧歌"。

伞头秧歌的表演主要是扭和唱两个方面，特点是扭时不唱，唱时不扭，扭唱结合，交替进行。扭秧歌主要集中在"过街""掏场子"和"小会子"在场内的表演三个方面。唱秧歌主要是伞头的事。伞头肩负着指挥全局、调动情绪、编排节目、评论演出以及秧歌队与外界交往、答谢、祝贺等一系列职责，而这一切都得通过唱秧歌来进行。

一支秧歌队（俗称一班秧歌），除了乐队和仪仗队外，其余皆扮演各种角色。大致顺序为：①仪仗队；②乐队；③龙舞；④伞头，即手执花伞的秧歌艺人，是秧歌队的头领；⑤架鼓子；⑥小会子，即民间小演唱；⑦杂会子，即传统折子戏；⑧民间传统舞蹈；⑨旱船，也叫"水船"；⑩狮子舞收尾，至少是一对狮子。上述这些众多的民间歌舞艺术串在一起，形成一支浩浩荡荡的文艺游行队伍，犹如一条翻滚前进的彩色巨龙，又像奔腾不息的黄河之水，这恰好是我们华夏民族文化的象征。因此也可以说伞头秧歌是黄河文化的典型代表。

伞头秧歌的唱词通称为秧歌，是伞头秧歌这一民间歌舞艺术的重要组成部分。即兴编唱是伞头秧歌最显著的特点。几乎所有的秧歌都是在某种特定的历史背景、具体的时间、地点和环境气氛中产生的。或触景以生情，或遇事而有感，或因人而议论，或互问互答。唱词一般为四句一首，可以独立存在，一首秧歌表达一个完整的意思。伞头秧歌大致可分为七字句、十字句、九字句、十二字句四种格律结构。一首好的秧歌，不管采用哪种格律，都有一个共同的特点，即立意要深刻，结构要完整，布局要合理，结尾要巧妙。

伞头秧歌所使用的语言，基本是以方言为基础，其主要特点是通俗明快，自然流畅，雅俗共赏。伞头秧歌语言是一种独特的语言，它既不同于书面文学语言，又不是原始的口头语言，而是经过加工、提炼、修饰之后的口头文学语言。此外，伞头秧歌还调动了几乎所有的修辞手法，来增加它的艺术表现力和感染力。

伞头秧歌基本上是按方言的发音吐字来演唱的，唱词统一都押脚韵，即每句末尾一个字要求合辙押韵。四句同韵是伞头秧歌最常见的押韵方式。有许多名家的秧歌还特别讲究四句用同一声调，即同声同韵的特色。

2019 年，《国家级非物质文化遗产代表性项目保护单位名单》公布，临县伞头秧歌艺术协会获得伞头秧歌（临县伞头秧歌）项目保护单位资格。

七、民俗

（一）柳林盘子会

"柳林盘子会"又称"天官会会""小子会会"，是流行于柳林县城及城郊穆村一带的盛大民俗文化活动。活动时间从正月十三到正月廿六，前后长达半月。以元宵节和填仓节为高潮。

"柳林盘子会"的"盘子"是"盘子会"的核心和主要载体。"盘子"是古代"祭盘"的俗称，是一种制作精美的组合型阁楼式仿古建筑模型，被

图 33　采访人刘玉秀与柳林盘子国家级传承人贾金平合照

图 34　①2020 年贾金平参加吕梁市文化和旅游局乡土文化能人艺人培训班合照；②贾金平参加非遗会议合照；③柳林盘子模型；④⑤贾金平所获荣誉；⑥⑦⑧盘子底座装饰雕刻细节图。

人们称为"放大的神阁子"。

"盘子会"保留、传承了民间社区组织，以每座"盘子"为核心，由一名"主人家"（社首）和七八名纠首组织社家，负责筹集钱资、搭盘、出盘、祭祀、娱神、卸盘等活动，社家每年轮换。每当夜幕降临，人们在"盘子"边搭起煤塔并点燃，祭拜后围着火堆扭秧歌，多时人数可达四五万，场面非常壮观。伴随着"盘子"社火，有伞头秧歌、会则、唢呐吹奏、转九曲、天官会、火炉则等一系列活动，十里乡亲，载歌载舞，共庆节日，祈求来年风调雨顺。

2008年，元宵节（柳林盘子会）被列入第二批国家级非物质文化遗产名录。目前，柳林有各类盘子200余座，县城里有120余座、穆村有80余座。现存最古老的盘子是清代光绪二十六年（公元1900）穆村沙曲的木刻盘子。

（二）孝义贾家庄婚俗

山西省孝义市贾家庄婚俗是一种具有鲜明地方特色的民间文化现象，它产生于宋元时期，明清时期逐渐趋向定型。这一婚俗以古代婚嫁六礼为基础，结合了当地的民间音乐、舞蹈、文学、手工技艺以及社会信仰和伦理道德观念，形成了具有鲜明地方特色的婚俗文化。贾家庄婚俗包括了许多独特的仪式和习俗，婚前包括媒人提亲、换帖议婚、入围相亲、下聘订婚、择日完婚、群忙备婚、净身等婚等程序，嫁娶阶段包括娶亲仪式、迎婿仪式、启轿仪式、娶回仪式、认亲仪式等程序，婚后还有娘家请三日、娘家请五日、娘家请十日、娘家请满月、男女双方家主谢媒人等程序。这些程序既增添了婚礼的吉祥和喜庆，也反映了当地百姓的审美情趣和文化取向。它不仅是民间举办的迎喜娱乐活动，更是黄河水土养一方人在传承三皇始祖的道义礼节和农耕文化的重要体现。2008年，孝义贾家庄婚俗被列入第二批国家级非物质文化遗产名录。

第二节　案例分析与启示

一、项目地理背景

"柳林盘子"分布于山西省柳林县县城及城郊穆村一带。这里地处晋西边陲，东依吕梁山，西临黄河水，地处黄土高原腹部，境内黄土广布，地表梁峁起伏、沟壑纵横，有"四十里抖气河"之称的清河穿城而过，清河两岸，风景秀丽，田畴平展，山峦起伏，群峰映带。这里交通便利，307国道、孝柳铁路穿境而过，素有"山西门户""秦晋通衢"之称。明清时期，柳林县城店铺林立，商贸繁荣，被誉为"小北京"。

二、项目情况说明

"盘子"来源于古代的搭神棚活动。神棚是用椽子、帐子等搭成，其形状如帐棚，棚内设香案，摆供品，供奉传说中能主管人间风调雨顺的天官、地官、水官"三官神"。明代，柳林城郊经济发展迅速，那种原始的神棚远不能适应当时人们的心理需求，于是就有匠人模仿庙宇进行精雕细刻、油漆彩画，后来逐渐推行开来，形成了今天的柳林盘子。

"盘子"是一种制作非常精美的组合型阁楼式仿古建筑模型，形如放大了的神龛，一般高3米–4米，分四角、六角、单层、双层等多种形式，其建筑材料多采用质地细密而又硬实的上等木料制作而成，它不仅总体结构合理，而且装饰工艺古色古香、精美绝伦，令人叹服，加上现代各种彩灯的装点，更显得流光溢彩，绚丽无比。这种木制的小阁楼按其自身的结构形式分设出几个甚至十几个神龛，分别供奉着天官、地官、水官、财神、送子娘娘、观音菩萨等等。凡是常见的庙宇神灵，几乎全部供于一座阁楼之中。因此，它实质是一座不分佛道的浓缩性微型寺庙。尤为值得一提的是其活旮活鞘，易拆易装，被誉为"华夏一绝""中国民俗文化的奇丽瑰宝"。

"盘子"距今有 500 余年的历史，早在民国年间，柳林的盘子就不下 50 余座，目前保存最古老的是清朝光绪二十六年（1900 年）穆村江曲的木刻盘子。现在柳林盘子共有 200 余座。其制作技艺以师徒关系相传承，没有清晰的传承谱系，只有部分艺人可考。

盘子民俗活动围绕"盘子"展开，称"盘子会会""天官会会""小子会会"，活动时间为农历正月十三至二十六，以元宵节为高潮。活动期间各街巷分段轮值，张灯结彩，遍搭彩盘，彩幔遮天，旺火耀眼，到处灯火辉煌，香烟缭绕，歌声不绝于耳。商店趁此出售货物，街头摊贩遍地，各种特产和风味小吃比比皆是。

盘子民俗是柳林地区民众独具特色的文化创造，它兼有节日庆典、工艺美术、民间信仰、社区组织等多种内涵，是柳林历史传统文化的象征。其基本特征可概括为以下几点：

一是区域性明显，有鲜明的地方特色。柳林盘子在全国是绝无仅有的，即使在柳林，也仅仅分布于县城及城郊穆村一带。作为一种传统民俗文化，其深深地扎根于这一特定社区，区域性极为明显。

二是其有明显的节日庆典性质。盘子民俗活动于每年的正月十五元宵节前后举行，届时彩棚遍搭，人潮涌动，旺火不熄，歌声不断，劳作了一年的人们借此载歌载舞，庆祝着自己的节目，祈求着来年的风调雨顺。

三是集中国传统艺术于一身，具有综合的美学价值。"盘子"是浓缩的庙宇，集建筑、雕刻、绘画、楹联、面塑于一身，匠心独运，美轮美奂。

四是社事观念强烈，具有明显的社区特征。"盘子"一般是由街坊邻居集股投资建成的，盘子文化活动也是以社区为单位组织起来的，具有强烈的社事观念在社区内有着明显的凝聚、约束和调节作用。其作为一街一巷的人心凝聚点，可以起到团结聚拢人心、协调邻里关系、促进一方平安的目的。

五是民间信仰和文化心理的集中体现。它把民间信仰中众多的神灵综合在"盘子"中，并把民众喜闻乐见的社火和民间文化艺术表演形式融入盘子会之中，充分表现了祈求幸福和追求喜庆热闹的文化心理。

六是由柳林民间独创，集文化、饮食、娱乐于一体。这种"盘子文化"随着社会的进步、文化的延伸、经济的发展而逐步发展，这是人类文明、社会进步、经济发展在这一特定区域的特殊体现。

"盘子"作为柳林特有的一种民俗性文化载体，不仅具有独特的审美价值，而且蕴含着深厚的文化内涵，有着突出的民族性和民众性。

从盘子的制作来说，它是中国古建艺术的具体展示，无论是它的造型结构，还是装饰彩绘，无不闪烁着中国古建艺术之光，表现出了极高的艺术造诣和功力，具有较高的艺术审美价值。

从它的总体活动和表现形式来看，它是一种稀有的传统文化现象，所以具有独特的审美情趣和个性魅力。

它是社会文化和经济有机结合的产物，是二者互利互惠、相济发展的典范。它本身具有极高的创意成就，对今天的文化建设和市场经济改革也有积极的启迪作用。

它是多种文化艺术的有机统一体，是一种历史文化现象的再现，不失为民族文化艺术之瑰宝、民俗文化之精品。因此，作为文化载体的盘子本身也具有相当高的文物价值。

"盘子"曾在柳林商贸业发展史以及社会文明进程中做出过积极的贡献，在两个文明建设高度发展的今天，仍具有极高的开发利用价值。

从 20 世纪 90 年代开始，按照"保护为主、抢救第一，合理利用、传承发展"的原则，柳林县对盘子的制作工艺、传承艺人、代表性盘子、盘子相关民俗活动及其所赖以存在的文化空间进行全方位保护。政府累计投入资金达 100 万元，主要用于举办盘子汇展、组织盘子文化研究活动及广告宣传。编写出版了《柳林盘子文化探秘》，对这一独特文化资源进行了系统整理。2003 年出台了《柳林文化产业发展规划》，对盘子的保护与发展作出了具体规划。1995 年、1996 年、1998 年、2003 年举办盘子汇展 4 次。1996 年、2001 年、2003 年召开了盘子研讨会 3 次。2001 年，中央电视台摄制组在《百家故事》栏目中推出柳林"盘子"专题片。1999 年、2000 年、2002 年山西电视台《人说山西好风光》栏目 3 次拍摄"盘子"专题片。

（一）建档

1. 开展全面系统的资源调查，摸清盘子的数量、类别、制作年代、所属社区、活动特色等相关信息，建立专门数据库。

2. 对盘子制作、传承艺人进行系统摸底调查，按照木工、彩绘等分类建档。

3. 在全面调查的基础上，评选确认部分代表性盘子及权威性艺人，建立重点保护名录。

（二）保存

1. 设立盘子民俗博物馆，收藏、展示代表性盘子，并对盘子民俗活动的相关资料进行收藏和展示。

2. 利用现代音像技术，制作系列专题资料库。包括：①盘子民俗活动的实况纪录片；②盘子制作工艺的详细性展示；③知名艺人、民俗专家的专题讲座。

（三）保护

1. 由县文化局牵头，组织相关部门，成立专门保护小组，负责对盘子文化的保护、开发、利用。

2. 以县政府的名义，出台《柳林盘子保护办法》。

3. 由县财政出资，建立柳林盘子保护基金。

（四）传承

1. 组建行业协会，协调整合现有资源，使各制作户互通有无、取长补短，在条件成熟的时候，建立专业性的盘子制作厂。

2. 以县职业中学为基地，开设盘子专业班，有针对性地培养后继人才。

（五）研究和传播

1. 由县文化局牵头，成立柳林盘子研究会，吸收盘子艺人、民俗专家、文化界人士，对盘子文化进行调查、研究。

2. 以元宵节为契机，搞好一年一度的柳林盘子文化艺术节。

3. 结合旅游开发，开展全方位宣传。如出版画册、纪念册、贺年片、工艺纪念品、吉祥物等。同时，争取发行邮票。

"盘子会会"在广大群众心目中是关系到每个人子财寿禄和一村一姓福祸休咎

的大事，仪式隆重、戒规很多，从开始筹备到礼成结束，一般需两三个月的时间。新办的"盘子会会"筹备大约需一年的时间。

准备阶段：

筹备工作由"盘子会"组织人员进行。盘子组织由一名"主人家"和七八名纠首组成。每年轮换一次，上一届"盘子会"结束后立即确定下一届纠首，在重新确定的纠首内公推一名德高望重者当"主人家"。推举"主人家"的条件，应该是具有能够胜任此项工作的能力，要求"主人家"必须具备随机应变处理事务的能力。过去"主人家"职权很大，除督促盘子活动期间的有关事宜外，还管理此期间的民事纠纷。新的纠首及主人家确定后，上一届盘子会"主人家"即把盘子会的工作移交给新的盘子会组织，除移交所余钱物外，还要把"盘子"正中间"枣山"的头掰下来，敲锣打鼓地送给新的"主人家"。新的盘子会组织即着手筹备盘子活动。筹备一般从头年腊月开始，也有一入冬就开始筹划的。参加筹划筹备者除盘子会的领导成员外，尚有村社里的头面人物。这些人聚集在一起，择个黄道吉日，吃一顿"拢头酒"，筹备工作即正式开始了。

盘子组织工作主要有以下几项：第一项是筹集资金，经费来源主要有三，一是各商户集资，早期的盘子活动，众商户主动以合资形式捐款；二是社内各户集资，20世纪40年代前各村社都有祠堂，有属于同宗共姓公有的田地房产，庙会经费由一家族公共拨出，专款开支，无须一户一户筹集。20世纪50年代后，家族公共财产取消了，庙会经费只能由纠首挨家挨户上门筹集，由于这是人人关心的喜事，而且乐助的钱的数额均要张榜公布，所以筹集起来困难不大。新办的盘子会，凡捐资者均书于盘子两厢；三是靠善男信女所上布施。第二项工作是备办庙会所需的物品，主要有五种途径：社内拿用、亲戚朋友借用、集资购买、村民捐助、当事人自备。"主人家"的任务是检查督促，搞好各方面的协调平衡工作。第三项工作是确定盘子会期间的文艺活动。因为盘子会在元宵节前后，各种文艺团体相当忙，如果不提前确定，到时会手忙脚乱的。

如果"盘子"因时间久，油漆残剥，彩画脱落，尚需重新油漆彩绘。盘子会有一定的积蓄后，盘子会的领导要听取群众意见，若群众有更换盘子的想法，盘子纠首及"主人家"就积极带头捐资出物，更新更换盘子，经更换后的盘子，工艺造型、规模都要大大超过原有的旧盘。每更换一次新盘子，既费时，又耗资，一个新盘需耗资 1 万元~2 万元。另外，准备阶段有一些经常性的工作如宣传发动、进行思想教育等。

进行阶段：

1. 蒸供献：从农历正月初十开始，各盘子会都发上等白面，发好后，邀集会内"巧手手"妇女蒸供品，若本盘子会社内没有"巧手手"，则需到其他"盘子会"社内邀请。届时，大家围坐于案板周围，八仙过海，各显其能，剪子、镊子、笔帽等都是他们得心应手的工具。其质量上有白、虚、软、甜四大要求，使之看起来有艺术性、吃起来有可口性，否则会贻笑大方。供献种类有枣山、枣洞洞、大供、面羊、面猪、面鱼、面鸡、面雁等，造型生动，富于夸张，制作精巧，有的呈立体形，甚至做成几层楼，十分壮观。

2. 扎花灯：花灯，又称彩灯，也叫灯笼。扎花灯是盘子会上必不可少的一项活动。民间从正月初五开始就动手扎花灯，传统工艺的花灯多用纸、纱制作，也有用玻璃制作者。盘子活动期间，家家户户要挂红灯笼。人们把盘子点上，昼则悬彩，夜则燃灯。大街通路，灯彩遍起，通宵达旦。据记载，西汉以后历代都有制作彩灯的工艺。唐时，除了用彩灯照明外，还可以做建筑艺术装饰。彩灯艺术经过历代能工巧匠的共同劳动，发展很快，真是变化万千，百花绽放，新颖别致。在样式上，有带穗的挂灯，美观的座灯，秀丽的壁灯，精巧的提灯，玲珑的走马灯等。在造型上，有山水人物灯，还有鸟鱼花草灯。常见的有羊角灯、老虎灯、熊猫灯、金鱼灯、绣球灯、百花灯、荷花灯，以及富有民族特色的龙灯、云灯、官灯等，千姿百态，五彩缤纷，真是不胜枚举，美不胜收。除此之外，以人物为造型的灯最为精彩，塑造了人们熟知的历史人物和故事，如木兰从军、天女散花、嫦娥奔月、哪吒闹海、八仙过海、李白醉酒等。这些灯都讲究轻纱重画，刻意求工，力尽精奇。有的花灯圈片大者直径有三四尺，皆用五色琉璃制成，上绘山水人物、花鸟鱼虫等，不仅造型美观、装饰华丽，而且具有浓厚的地方色彩。元宵夜，月光如水，灯海深处，香风阵阵，锣鼓声声，鞭炮齐鸣。花灯上各种人物舞姿翩翩，鸟飞花放，龙腾鱼跃，正是"火树银花合，星桥铁锁开"，使人观来，兴味盎然，不忍离去。

3. 搭盘子、垒旺火：从农历正月十二开始人们就整理盘子的各个构件，把各个部位擦洗干净。然后，纠首们开始搭盘子，搭时先起梁架，再装斗拱、滴水、脊兽、券口等，再装大间、小间、后尾四周绘画、木板（或玻璃板），接着装上正面供板、桌裙。盘子一般摆放于人口集中地的宽阔场所。

点旺火是盘子活动期间的传统风俗。每个盘子点周围都要垒旺火，用平整见方的大块炭在旺火架上排成圆形的底座。底下留个点火口，中空外圆，里边装有木柴，便于引燃。一个盘子点上垒一人高的炭塔，大盘子点上要垒高达丈余的旺火，燃烧几天几夜。小旺火燃完后，第二天还需再垒，直到过了这段时期。从农历正月十三起，各盘子点都要点旺火。旺火火势如烈焰，以示旺气通天，兴隆繁盛，六畜兴旺，五谷丰登。在熊熊燃烧的旺火周围，孩子们放着爆竹，增加了活跃的气氛。

4. 出盘：出盘多在农历正月十四（也有在正月十三出者），正月十二、十三把盘子搭好后，正月十四下午"主人家"及众纠首把准备好的香烛、供品全部搬到盘子活动场所，再按次序把供品、香烛摆放齐整。后尾摆放一对带盖枣洞洞，盖子上的竹竿上插着形态各异的小鸡，大间摆放石榴、桃子、大供、猪、羊、鱼三牲、瓜果、烟酒等，两面小间各摆一个枣山，前后摆放白酒一瓶，香烛、黄裱各几十件，香炉三个。

东西摆放完毕，即出盘。跟会子的人家不论男女老少都要到场，尤其是盘子会内的妇女。主持者仍为盘子会首"主人家"，主人家及众纠首先把各类供品各掐一小块放在供板上，供品必须全掐，不能空一件，否则神会怪罪的。接着上香、燃裱（每个香炉里插香三炷，燃裱三张）、奠酒，接着三拜九叩。并奉三界符官去请玉皇大帝等诸神佛，要上请到三十三天天顶上，下请到五湖四海各洲城，东请到日出扶桑国，西请到释迦牟尼佛门村，南请到菩萨六迦山顶上，北请到潼关外面转回程……所请的神佛极为广泛，有北斗文曲星君、二十八宿星君、风调雨顺四大天王、送子娘娘、观音、三官大帝等。将神佛请来后，所有的人随众纠首跪拜，把早已插上的香烛点燃了，一时间香烟缭绕，鞭炮作响。跪拜的人们一起祈祷神灵保佑来年风调雨顺，阖家万事顺遂。

5.请送师傅：新制作的盘子，在搭盘子时，纠首主人家要把制作彩画盘子的艺人请来，一方面让他们指导搭好盘子，另一方面就此时清算工钱，同时吃一顿饭表示感谢。盘子搭好后，给艺人披红挂彩、赠送匾额等物，匾上书："神工精制天官阁，巧匠妙绘日月图""德高艺超群，千里传佳闻""手艺精雕龙龙活现，技术高刻凤凤呈祥"。

师傅回家时，盘子会纠首及主人家要派几个人送他们回家，一路上细吹细打，好不隆重。条件好的盘子点要派秧歌队去送，送回家后秧歌队还要在艺人家院内红火一阵。

6.许愿：入夜，旺火烈焰冲天，彩灯闪烁，蜡烛燃得盘子场地四周通明，各种娱乐活动丰富多彩，百戏横陈，弦管竞乐，歌声不绝于耳。此时，善男信女们蜂拥上街去求神拜佛。许愿仪式比较隆重，本人事先必须斋戒沐浴，更换衣服，带上各类供品，诸如面三牲、瓜果、酒菜等，到盘子点供奉。去后，燃香叩头，叩头时间较长，有什么要向神说的话，必须在此时说完。现场放钱物，钱的多少视经济条件而定。许愿时，或求神保佑病人早日康复，或求家中诸事顺当，或祈办事得法等。一旦遂愿，就定来还愿，报答神思。有的许愿者会说出谢神还愿的钱物名称及数量。

7.还愿：若上一年的许愿已达到目的，盘子会上要了却自己的一桩心事，以此来感谢神灵的庇佑。所还物品只能超过许愿时所说的数量，不能低于此数额。还愿时需带面供、干鲜果品，燃香点烛，向神叩拜谢恩，说明为何事而还愿，送来什么物品，并要在所送的物品上书"有求必应——某某弟子敬献"等字样。

8.上锁：烧过香纸，大人们要为孩子们上锁。锁的类型有购来的十二属相锁，也有自制的铜锁。铜锁上拴面制点心一对，下扎自制铜钱一枚，铜钱上铸有富贵、福寿、平安无事、年年有余等字样，上锁者根据自家孩子的属相给孩子上锁，上锁时要给一些随心布施，三元五元不多，一元不少。锁要提前"度"，即纠首拿一大堆锁，在燃香的神位前，前后左右各绕三圈，意即神灵附在其上，能保佑孩子长命百岁，万事如意。

9.求子：夫妻婚后未生育，或只生女不生男，或只生男不生女者，夫妻双双于夜间到盘子会上燃香磕头，祈求神灵赐子赐福。"不孝有三，无后为大"，这是中

131

国封建时代一种十分重要的传统观念。人们历来相信"多子多福",都希望"百子千孙""人丁兴旺""子孙满堂"。然而,封建时代的人们对胎儿的形成是不清楚的。为什么有些妇女生育多,有些妇女生育少?为什么有些妇女只生女孩,有些妇女只生男孩?为什么有些妇女终生不孕?由于得不到科学的解释,人们误以为存在主宰生儿育女的生殖之神。因此,妇女如要生育,就必须祈求生殖神赐予孩子。为了后继有人,人们就烧香叩拜生殖神。

盘子会期间的求子方式有三:其一是到生育之神面前求子,诸如子孙娘娘、送子观音等。其二是吃某种东西,认为很快会有孕的。夜深人静时,要偷枣洞洞,有女无男者要偷枣洞洞上的鸡鸡,有男无女者要摘上面的花花,纯粹未生育者,则连盖子全揭。要求多生者,则连整个枣洞洞全端。一般偷一还二,偷上后,夫妻双双拿回家吃掉,回家的路上忌回头看、与人说话。他们认为这些食物就是随心所欲地生男生女。这种习俗源于古代吞食图腾物而孕子的古俗。其三是偷灯、偷鞋鞋。"灯""丁"同音,为祈求"添丁进口"才去偷灯,但偷去的灯必须以双倍的数量偿还。偷送子观音绣鞋的,是"鞋"(方言 hai)"孩"谐音,认为偷了鞋就可生育。偷去的鞋来年要补上,并要带一定数量的香烛等供品。

一般的烧香者与进行以上几种仪式的人,可视自己的经济情况与虔诚程度,给神上布施(即自愿出资),以表示自己的愿望与对神的虔诚,出资数目从二三元到二三百元不均,甚至还有超过 1000 元的。

10. 分份子:凡是跟盘子的人家,均能分到一份供品,供品切成四块,纠首担上挨门逐户地分发,分到的一份供品要全家分食,俗称"吃福"。

11. 送神与卸盘:农历正月十六,盘子活动的高潮已过,到正月十七早晨,"主人家"及众纠首都来送神、燃香、拜、鸣炮,并念叨"奉送三官老爷,三敬界岳,神仙上玉境,玉帝归金阙等",祈求神灵保佑家家户户人财两旺,地方风调雨顺,庄稼丰收。送神完毕,众纠首与下一轮纠首聚餐一顿,既是上届纠首的散班饭,也是新旧纠首的交接仪式。吃完饭,新旧纠首即卸掉盘子,所有一切用具均由新纠首保管。

作为民俗文化的一种特殊形式,"盘子"艺术具有区别于其他民俗的特殊风貌、特殊结构和传统。因为它融汇于最普通的民俗生活氛围里，成为雅文化与俗文化交接线上的活跃因素，具有融木雕、绘画于一体的富有文化根基、创造动机、思维方式等的艺术特色。

柳林"盘子"作为柳林民众的年节仪式活动中最隆重的庙会活动，在现代化的背景下，存在其发展的机遇。近年来，柳林盘子会在柳林县内得到重视，每年举办盘子会文化艺术节，柳林盘子逐步发展为当地最盛大和隆重的节日，人们热闹往来，热情高涨，成为民众精神生活的一种丰富和升华。这期间，当地媒体都会对柳林盘子活动进行直播，出门在外的柳林人也同样能感受到节日的气氛。"柳林盘子会"的发展对经济和文化也产生了一定影响。活动期间，每晚一个"盘子"的收入可达上万元，对当地经济有辐射带动作用。同时，"柳林盘子会"被培育成为独特的文化品牌，助益文化繁荣。

三、问题与启示

柳林"盘子"国家级非遗代表性传承人贾峰岳（贾金平）现年66岁，是当地"盘子"艺术的知名艺人，有"小鲁班"之称，其事迹曾多次被媒体及新闻界采访和登载。他一直致力于仿古建筑雕刻工艺研究、制作，不断考察、收集资料，自行设计制作一层、二层、三层等多种规格的木雕盘子30余座，造型美轮美奂。

通过深度访谈法和实地观察，我们知道，贾峰岳在柳林"盘子"的传承发展方面做出了很大努力。"第一，哪儿有民俗交流会或者展演等的，我就会带上盘子模型积极参加，尽自己的一切力量去宣传，让外界的人们认识、了解盘子文化。第二，现在政府、学校都在大力提倡非遗文化进校园，我也进中小学的校园做过一些与盘子相关的活动，像讲座、示范制作等，甚至还尝试在一些学校里长期开设制作盘子相关的课程，从而形成一个比较长期、稳定的机制。第三，我也接受过不少媒体的采访，有时还在抖音、快手等平台上播放我制作盘子的过程及盘子展的一些视频，还有一些研究民俗、非遗的学者、爱好者对我进行了访谈，我觉得这一定程度上也传播了盘子。"

同时，从贾峰岳传承发展柳林盘子的实践中，我们也深刻体会到，柳林盘子作为一种稀有的文化现象，其发展过程中存在着诸多问题，影响到柳林盘子文化的存在和发展。

一是从事盘子制作的艺人匮乏，青黄不接。目前最大的盘子制作户是穆村的王兴地，现年已是 86 岁高龄了。目前全县能独立完成盘子制作的仅四五人而已，且年龄均在 50 岁以上。

贾峰岳认为，受现代市场经济的影响，盘子艺人后继乏人。"一方面，现在的孩子们学习时间很紧张，没有精力去了解、学习这个东西；再一方面，'盘子'只在元宵节展，时间较短，而且只在柳林及周边一带才有，学会也不会带来更大的经济效益，真正想学的孩子少而又少。""我个人收了徒弟，想靠这种传统的方式来进行传承，我的徒弟有二十几个，年龄最大的有五十几岁，最小的也有三十多岁。较为年轻的两个徒弟，一个叫庞文耀，他是从建筑学校毕业的，跟我学如何制作盘子；另一个叫高志灵，是学工艺美术的，2016 年跟我学习柳林盘子及古建筑设计与制作技艺。现在柳林龙王庙里有我的两个工作室，一大一小，一些对柳林民俗文化感兴趣的退休老人，常来跟我一起探讨盘子的传承问题。""从我个人的内心来说，我最想做的事是选一些对盘子制作感兴趣的人，把盘子的一些传统制作从头至尾传授下来，给人们展示最传统的盘子是怎么样的，同时也可以把传统的盘子流传给后代。但是现在来看，很难实现，一方面这需要大量的资金，另一方面我也岁数不小了，这可能是我的一个永远的遗憾了。"事实就是，随着一批老艺人的逐渐过世，技艺的传承有断代的危险。

二是研究和创新滞后，影响了盘子文化的进一步发展。盘子文化具有极强的地域性和节令性，由于其活动范围小、时间短，加上研究人员和研究力量的匮乏，使得其发展主要依靠自发进行，创新不足，开发不够，影响其进一步发展。

贾峰岳说："我们既想着维护非遗艺术的传统性，又不得不思考怎么去创新，寻找新的出路。就拿柳林盘子来说，明代中期开始，虽然中间有停止，但其文化、艺术内涵是非常丰富的。我们是主要传承与柳林盘子相关的文化，还是着重传承制作技艺，这需要一个比较完善的顶层设计，需要做好规划。我一直思考这个问题，近年来感到传承文化更容易些，因为文化可以通过论文、书籍、相关媒体进行传承，有实现的可能性。而制作盘子这种技艺很难传承，一方面是盘子展演具有时令性，只在元宵节前后进行；另一方面，一个盘子制作好后，能用几十年，中间可能就是做一些简单的维修，所以很长一段时间没活干，只靠做盘子无法养家糊口。再者木工是一个苦差事，现在的年轻人不愿意干。原来还有五六个艺人能完整地制作盘子，现在从手工绘图、木工制作到彩绘仅剩下我一人了。需要的时候我去学校作报告、去举办民俗的地方做展演、接受媒体访问等。同时，我也不忘自己做一些盘子传承的实践，让盘子能在传承中创新。""在盘子的创新发展过程中，我一直提倡古老智慧为基，创新思维为翼。不管是发展还是创新，必须保护和坚守盘子的古老的艺术传统，保留其传统技艺的底色，不媚俗，不要为了迎合市场需求而改变其本意，否则会极大地损害民间传统文化的价值。那么在这种指导思想下，要想发展创新盘子，让它在新时代再次焕发新生，我觉得最关键的因素还是人，需要有一批对盘子历史、文化、技艺等各方面有深入了解的人，可以在制作'盘子'的文化中加入新元素，或者是对原有的技艺进行创新。"

可以看出，目前柳林盘子的传承方式以家庭为主，或者通过收徒、学校教学等形式传承非遗文化。后继传承人作为家庭式继承上有发自内心热爱的，也有仅仅作为一项爱好不专门从事该项工作的；收徒上，徒弟因经济收入达不到心中要求，不愿意继续传承而选择退出，从而中断学习非遗文化的情况，因此传承方面面临危机。

三是盘子文化与乡村旅游融合发展不够。非物质文化遗产蕴藏着一个地域的民族文化、思想和艺术。因其主要在乡村中传承，贾峰岳认为发展乡村旅游从而带动非物质文化遗产的发展是一个良好契机。但"盘子会"有一个鲜明的短板，就是具有季节性，只在每年的正月十五到正月二十六期间举行，其余时间盘子艺人如果没有盘子订单可做的话，就只能投奔其他领域谋生。这就导致盘子无法作为一个持续性的工作存在，只能作为"业余工作"进入盘子艺人的生活当中，进一步导致传承困难。另外，像柳林盘子等传统技艺不可能在自己家院子里向游客展示，游客也不可能专门去某个村落了解该项技艺，因此如何能够将非物质文化遗产集中起来成立专门场所进行演示，成为贾金平他们关心的一个重要问题。再者依托乡村旅游发展非遗，非遗势必要借助乡村旅游开发者的力量，如何做好利益分配，成为传承者关心的又一个问题。

贾峰岳对柳林盘子与乡村旅游融合发展抱有期待和希望，也认为这是一个发展非遗的路径，但同时也在疑虑怎样发展、发展成什么样。他认为，"没有经济效应，纯粹没有经济效应，就不好往下传承。在'盘子'的传承上，政府还应该更多地对民间'盘子'团体予以引导和资金的支持。因为从'盘子'的发展历程来看，民间团体这种传承方式最贴近'盘子'生存发展的热土，也最了解这一区域上人民的文化需要。"柳林盘子如何打造乡村旅游品牌，融合非物质文化遗产解决好经济驱动力问题，改善传承条件，是需要解决的一个现实问题。

发挥政府的主导作用，建立协调有效的工作领导机制。由县文化局负责牵头，吸收相关部门，成立柳林盘子保护工作领导组，统一协调全县范围内的柳林盘子文化保护工作。

明确责任，分级负责，建立县、乡、村、社区四级保护体系，制定保护规划，出台保护政策，明确保护范围、保护措施和目标，责任到人，重点突出。县文化局是保护工作的具体承办单位，负责保护规划的制定、保护经费的筹集与使用、落实保护措施等。吸收专家、学者、名艺人成立柳林盘子文化研究会，从事学术性研究与开发。

加大盘子文化保护工作的经费投入。县财政逐年拨出专项经费，设立保护基金，同时通过政策引导等措施，鼓励个人、企业和社会团体对盘子文化保护工作进行资助。县财政划拨专项资金，设立盘子保护基金用于奖励创作及研究开发。

第四章

▼

吕梁非物质文化遗产保护传承策略

第一节　前提基础：发掘价值，传承文脉

吕梁非遗是历史长期演进、吕梁儿女辛勤奉献和经济社会发展进步的文化结晶，具有重要的价值和作用。充分认识和挖掘其多重价值，是做好吕梁非遗保护传承工作的前提和基础。

一、历史见证

非遗有很多价值，但最核心，也是最重要的，是历史认识价值。保护非遗就是保护历史。通过非遗，可以获取历史资料，还原历史真相，理清历史脉络，更好地认识和理解吕梁的发展史、文化史、文明史。吕梁的非遗文化是千百年来吕梁人民智慧和创造力的结晶，是吕梁历史文化的生动见证。这些非遗项目不仅记录了吕梁的历史变迁，也反映了历史上当地人民的生活方式和精神面貌。

用非遗印证历史。通过非遗来印证历史，即我们常说的非物质文化遗产的"证史价值"。非物质文化遗产的"证史价值"，是指人类利用非物质文化遗产，来帮助我们印证往昔的历史。例如，通过流传至今的孝义皮影戏，来帮助我们印证宋金时代已有班规、雕簇者的存在；通过流传至今的中阳剪纸，来帮助我们印证汉代画和宋代服饰的样子；通过流传至今的文水鈲子，来帮助我们印证远古人类祈雨迎神赛社的习俗，直观体会先民与大自然、与命运抗争的场面；通过流传至今的杏花村汾酒酿制技艺，来帮助我们印证历史上汾酒酿造的流程。如果没有这些非物质文化遗产的印证，我们眼中的历史就会变得虚无缥缈、苍白无力，甚至被人误读。再比如，明朝灭亡后，吕梁地区的文化传统和经济基础并未因此而断绝。今天的吕梁，虽然已经很难找到明朝时期的痕迹，但一些民歌、故事和传说仍然在当地人的口中流传。在这些非遗中，那些关于明朝的记忆仿佛又重新焕发了生命力。吕梁的历史，就像一条悠长的河流，虽然经历了无数的曲折和转变，但始终在非遗中流淌着勇敢

和智慧的血脉。

用非遗纠正历史。通过非遗来纠正历史，是非遗所独有的"纠史价值"。它是指非物质文化遗产在纠正历史偏谬过程中所呈现出来的某种独特价值。我们知道，史书与史实之间难免会出现一些差异，即使录史过程充满科学精神，人们在转述这些史料时，也很难避免因转述者个人素质以及外部因素的干扰，而出现对史料的改动。吕梁的历史无疑也要面对这样的问题。这时，我们就可以通过吕梁历史上传承下来的各种非物质文化遗产，来纠正录史者的偏颇，还历史以本来面目。历史上对史料做出的种种误读，有很多都是通过艺人或是匠人们的亲身实践加以纠正的。

用非遗补充历史。实践告诉我们，非遗是可以补充历史的，这便是非遗所独有的"补史价值"。所谓"补史价值"，是指非物质文化遗产在补充、丰富历史史料过程中所呈现出的某种独特价值。只要深入发掘，非物质文化遗产完全可以在历史重构，特别是在文化史重构过程中发挥重要作用。吕梁非遗中的交城玄中寺"鸠鸽二仙"的传说、文水子夏山的传说、汾阳峪道河马跑神泉传说、汾州民间故事、张四姐的故事等民间文学，以及专家学者们对吕梁非物质文化遗产传承人所进行的口述史撰写，都很好地补充了吕梁历史和手工技艺传承史及文物修复史的不足，为填补吕梁民间文化史的空白，做出了自己的贡献。非物质文化遗产是在历史上产生的，它们自然而然地也就成为历史的一部分，成为中华民族及其所创文明的重要见证。从这个角度来说，这些口述史也就具有了重要的历史认识价值。

二、艺术价值

吕梁的非遗项目如孝义皮影、中阳剪纸等，具有极高的艺术价值。这些艺术形式不仅在国内享有盛誉，在国际上也赢得了广泛的认可和赞誉。

独特的美学特征和审美价值。艺术源于生活而高于生活，它们不仅仅是艺术形式，也是历史和文化的载体，反映着各个历史时代的社会艺术特征，每一个经典的传承艺术都承载着中华文化的厚重人文。吕梁非遗亦是穿越时代的艺术缩影，反映时代变迁中的审美特征。非遗中的传统技艺、音乐、戏曲等，都具有独特的审美特征和表现形式，具备鲜明的民族艺术特色和价值观念，揭示着真、善、美的内在规律和外在显现。这些非遗可以为审美教育提供更为丰富的教学资源和更具实践性的教学素材，包括传统绘画、工艺、音乐、舞蹈、戏曲等，为创新教学模式注入新的活力和内涵。教师和学生可以通过教学实践和学习体验，感受到非遗中蕴含的传统美学素养，从而提高自己的审美感受和审美能力。例如，可以将非遗融入美术课程中，让学生通过绘画等相关的艺术形式来表达对非遗的理解和感受，可以组织"非遗"主题的创作比赛，鼓励学生通过艺术创作来传承和发展优秀传统文化。这样不仅可以提高学生的审美能力，还可以培养他们的创造力和艺术修养。通过激发学生的学习热情，使其产生较高的参与性和积极性。

高超的传统技艺和艺术水平。"鸠鸽二仙"的传说在民间流传中极富活力，因表现人民生活、伦理道德、思想情感，反映广阔的社会风貌，故千余年来被群众广为传颂，具有很高的佛学研究价值和文学艺术价值。离石弹唱源于宋代，融宋代说唱的诙谐、戏剧唱腔的高亢、二人台和民歌表演的活泼明快于一体，声情并茂，再加上道具的衬托和晋胡、管子等特殊乐器的音乐表现，活灵活现地反映了劳动人民对"乐"的调节、对"生"的希望、对"性"的渴望和对"情"的自觉，是当地民间文化的"历史活化石"。文水长拳汲取各派武术精华，结合实战而形成的拳术具有典型的北方拳风格。经过历代左氏传人的创造，在健身养生、传承中华武学文化等诸多方面都有着极其重要的价值。交口刺绣是一种构图雅致、绣工精细、针法多样、色彩富丽的工艺美术，尤其是各种针法千变万化的灵巧使用和对色彩自然渐变的艺术处理，使绣出的作品，无论是人物、动物，还是山水、花草，均保持和延续了"绣线套接不漏针迹、色线相配形象传神"的传统古法，代表了黄河流域刺绣"平、光、齐、匀、和、顺、细、密"的艺术特点，具有鲜明独特的工艺价值。兴县胡麻油压榨技艺创制了"三条腿小榨油"的方法，其工艺流程严谨而独特，具有重要的食用油品压榨工艺研究价值，同时，也为研究当地的区域文化、民族融合以及社会风俗提供了鲜活的资料。柳林盘子会民俗活动将民间自然神，以及佛教、道教等众多神灵共祭一处，保留和传承了众多民间艺术和技艺，如民间弹唱、传说、社火、面塑、工艺、美术等，是研究民间艺术的重要依据。上述工艺技法，凝聚着一代代、一辈辈交口绣工的智慧和经验，在进一步做好文化传承发展的基础上，持续挖掘其艺术价值，对于强化文化纽带、提升文化自信具有重要意义。

宝贵的文化记忆和精神财富。吕梁非遗既是吕梁历史栩栩如生的见证，也是吕梁人民智慧的鲜活象征，被吕梁人民世代相传并绵延至今，成为厚土吕梁宝贵的文化记忆和精神财富。非遗是一个民族精神血脉的延续。习近平总书记强调："中华优秀传统文化代代相传，表现出的韧性、耐心、定力，是中华民族精神的一部分。"非遗文化虽然包含有形和无形两种形式，但更多地体现在无形的精神文化方面，如价值观、生活方式、风俗习惯、心理特征、审美兴趣等；非遗所强调的不仅是物质成果，蕴藏在这些物化形式背后的精湛的技艺、独到的思维方式、丰富的精神蕴含等，更是非遗的本体。很多非遗项目虽然通过物化的形式得以呈现，但其价值主要依赖传承人口传心授，例如吕梁方山唢呐艺术，我们看到的是唢呐，而构成真正意义上的非遗的，是我们看不到的唢呐的弹奏技巧、曲调谱写、演奏仪式、传承体系、思想内涵等等。因此，要重视非遗中人的价值，重视活的、动态的、精神的因素，重视技术、技能的高超、精湛与独创性，重视人的创造力，以及通过非遗反映出来的该民族的情感及表达方式、传统文化的思维方式等，这些就构成了我们民族的文化记忆和精神财富。习近平总书记还指出："一代代接续的工匠精神，让文脉得以绵延不息。"岚县面塑、柳林编织、曹家塔粉条、中阳刺绣等手工技艺是吕梁非遗的重要组成部分，工匠的精神传承是其长久存在的保障。首先，要结合吕梁非遗，加强理论阐释，深化实践解读。将与工匠精神相关的吕梁非遗现象、故事、人物等提炼上升为体现科学性、规律性的理论话语，推出一批逻辑严谨、话语通俗的思想理论产品，让全社会对工匠精神有更全面的理解和认识。其次，要抓住关键群体，强化主体责任。非遗传承人是工匠精神的主要创造者，也是工匠精神的示范引领者。非遗传承人可结合亲身经历、技术专长和职业成就开展宣讲，让工匠精神深入人心。要引导广大劳动者向非遗工匠学习，提升劳动品德、激发劳动热情。各级学校可通过开展以"劳动创造幸福"为主题的宣传教育、"劳模工匠进校园"等活动，把工匠精神融入学生职业能力和职业精神培养全过程。各级党委和政府要落实主体责任，不断完善体制机制，强化对工匠的培养、选择、使用、评价、激励。另外，要整合传播资源，宣传弘扬工匠精神。用好全媒体资源，搭建新闻传播、网络传播、社会传播等平台，组织开展先进事迹报告会、座谈交流会、展陈展览、巡回演讲等活动，讲好工匠故事、展示工匠形象，营造崇尚劳动、尊重工匠、学习工匠的良好氛围。

三、社会功能

非遗文化在吕梁社会中扮演着重要角色，不仅是文化传承的重要载体，还在促进经济发展、增加就业、助推乡村振兴等方面发挥积极作用。通过非遗文化的传承和发展，可以实现文化和经济的双赢。

在全面推进乡村振兴的背景下，应充分发挥非遗保护与传承对乡村振兴的正向效能，让更多群众借助非遗的魅力，既"富脑袋"又"富口袋"，更好地助力乡村振兴。

"活起来""火起来"的非物质文化遗产，能带来巨大的经济价值。吕梁非遗具有农耕特质、民族特色、地域特点，这些民间艺术、手工技艺、民族服饰等，既是乡村独特的文化标识，也承载着人们的文化乡愁。只有加强非遗文化的保护传承，把乡土特色文化融入乡村振兴，方能在丰富农民精神文化生活的同时，更好地延续乡土文化根脉、赓续农耕文明，彰显时代价值。

乡村全面振兴，既要"塑形"，也要"铸魂"。中央有关文件提出，"繁荣发展乡村文化，加强乡村优秀传统文化保护传承和创新发展"。基于此，加强对传统文化的保护和传承，增强农村居民的文化自信和文化认同，成为推动地方经济发展的重要资源。同时，积极促进非遗传承与地方经济发展融合，有利于更好地满足人民群众精神文化生活需要，也能为乡村振兴注入源源不断的动力和活力。

挖掘非遗资源价值，赋能乡村产业振兴。吕梁各部门应正确处理传统与现代的关系，充分挖掘非遗中蕴含的中华优秀传统文化，使其与经济发展紧密融合，更好地服务乡村振兴，实现共同富裕。尤其是积极探索特色文化和旅游融合发展思路，推动非遗在传承中有效保护，在有效保护的前提下合理利用，因时因地开展"非遗+旅游""非遗+文创""非遗+演艺""非遗+会展"等活动，以文塑旅、以旅彰文，推动传统文化与现代产业深度融合，把乡村文化与现代文明要素、农村农民发展需求等结合起来，丰富乡村经济业态，推动乡村经济高质量发展，实现传统文化可持续发展。

文化振兴是乡村振兴的重要内容，要积极推动非遗融入乡村振兴，促进非遗创造性转化和创新性发展，推动非遗保护薪火相传，让非遗在新时代绽放新光彩，为乡村全面振兴注入文化凝聚力和精神推动力。

第二节　政策法规：完善体系，强化执行

完善保护体系是前提。这包括建立健全非物质文化遗产保护工作体系，出台相关管理办法，认定和管理非遗传承人，进行全面的田野调查和资料搜集整理，申报各级非物质文化遗产项目，为非遗文化的系统性保护奠定坚实的基础。

一、完善法律法规，撑起非遗系统性保护传承的"四梁八柱"

法规制度是非遗保护工作的重要基础，是非遗传承发展的"四梁八柱"。要不断夯实相关法律保护基础，不断完善非遗名录制度、评估制度，为各级非遗代表性项目保护传承和非遗代表性项目代表性传承人培养提供保障。

健全全覆盖、多层级的非遗保护传承法律保障体系。健全全覆盖的非遗保护传承的法律保障，是非遗保护传承法治建设的重要走向。一是随着对非遗概念认识的深化，成为法律保护对象的非遗不断朝横向和纵向两个方向拓展。从横向来看，非遗的范围和类别不断增加，如文化景观、文化线路等成为文化遗产的新类别。从纵向看，形成时间较短的非遗不断被纳入法律的保护范围。二是随着对非遗价值认识的深化，非遗不再仅仅是需要保护的对象，也能够成为经济社会发展的重要资源。这是将非遗的保护传承都纳入法律保障的另一个重要原因。

当前，部分非遗的法律保障不足，主要包括以下三类：一是属于非遗的某个类别，但尚未被纳入相应的法律保护范围，如没有成为任何级别保护的非遗项目等；二是形成时间较短的非遗项目，虽然年代较近，但其包含着较为重要的历史、艺术、科学信息；三是现在正在创造的文化财富，未来可能成为非遗。之前的非遗观念是"过去面向"的，新的非遗观念不仅包含"过去面向"，也应包含"当前与未来面向"。这些面向形成一个整体，构成了文化传承发展"过去—现在—未来"的完整链条。因此，应完善相关法律法规，切实加强这些文化遗产的保护工作。吕梁非遗保护传

承需求旺盛与保护传承能力不足这一矛盾日益凸显，需要在制度机制与方法等方面进行探索创新，使各类文化遗产都得到与其历史、文化、艺术价值相匹配的法律保障。在非遗项目保护实践中，名录制度是非遗保护传承普遍采用的制度。事实证明，不同的非遗采用相同的保护措施和制度，不利于非遗的保护传承。因此，亟须在现行的严格保护措施和制度下，创造新的多层级保护措施和制度，以适应不同等级非遗的保护传承需要。

完善文化遗产保护传承的法律体系。法者，天下之准绳也。从长远来看，保护传承非遗需要充分发挥法治的引领、规范和保障作用，构建完善的法律保护体系是做好全面保护工作的必然选择。《中华人民共和国非物质文化遗产法》已于2011年颁布实施，应以此为依据，完善非物质文化遗产的法律保护体系。吕梁非遗保护已经建成以非物质文化遗产法等法律为引领，以非遗保护法实施条例、非遗保护管理条例等行政法规为基石，以相关部门规章和司法解释为补充的法律法规体系，建立了一系列保护管理、传承弘扬方面的制度措施，为非遗保护工作提供了坚实支撑。要加强非遗的法治保障问题研究，探索适合吕梁实际、能够满足经济社会发展需要的非遗保护传承的法治保障模式，不断完善非遗保护传承的法律体系。

完善非遗保护传承的法律体系是一个渐进的过程，必须增强问题意识，聚焦解决非遗保护传承工作中的重大问题。通过制订新法规，比如将地理标志保护、品牌商标保护、人工智能保护、数字化保护、生物圈保护、公益诉讼保护、司法救济保护、文化创意保护、社会企业保护、非遗档案保护等崭新方式予以法律确认，填补非遗保护传承法律法规的空白领域，如前面提到的未纳入法律保护范围的非遗等，以实现非遗保护传承法律保障全覆盖；通过修订现行法律法规或将现行条例上升为法律的方法，在现行严格保护措施和制度的基础上，增设新的保护措施和制度，以使各级非遗能够得到切实的保护传承。积极推进文物保护法修订，制定历史文化遗产保护方面的法律；修改《历史文化名城名镇名村保护条例》，加强与文物保护法等法律法规的衔接，制订或修改相关地方性法规。

二、加强管理研究，持续提高非遗管理水平和能力

必须在坚持保护第一、保护优先的基础上，进一步加强对非遗的管理、研究和

利用，做到有机结合、守正创新，真正让非物质文化遗产"活"起来，推动社会主义文化繁荣兴盛，更好地传承历史文脉和建设中华民族现代文明。

要增强对非遗的敬畏之心，树立保护非遗也是政绩的科学理念，统筹抢救性保护和预防性保护、本体保护和周边保护、单点保护和集群保护，维护非遗资源的历史真实性、风貌完整性、文化延续性。

把非遗管理好。加强管理是党中央对非遗领域提出的基本要求。要建立健全非遗资源资产管理制度，完善覆盖全市的非遗"身份证"和信息管理体系。要加强监管，根据实际情况将非遗检查工作纳入乡村和社区网格化管理中，持续提高非遗管理水平和能力，切实把非遗管理好。

做好研究阐释工作。丰富的历史文化遗产蕴藏着历史的谜底和文化的奥秘，需要持续做好研究阐释工作。要推动资源禀赋有效转化为传播动能，多措并举做好阐释推广。用好考古和历史研究成果，系统展示非物质文化遗产背后蕴含的哲学思想、人文精神、价值理念、道德规范等，准确揭示蕴含其中的中华民族的文化精神、文化胸怀和文化自信，提供多样化的文化内容供给，进一步丰富人民的精神世界、增强民族的精神力量。立足良好基础，要把中华文明起源研究同中华文明特质和形态等重大问题研究紧密结合起来，深入研究阐释中华文明起源所昭示的中华民族共同体发展路向和中华民族多元一体演进格局，研究阐释中华文明讲仁爱、重民本、守诚信、崇正义、尚和合、求大同的精神特质和发展形态，阐明中华文明的深厚文化底蕴。

合理利用历史文化遗产。考古遗迹和历史文物是历史的见证，必须保护好、利用好。要把历史文化遗产保护放在第一位，同时做好合理利用。这是我国文物工作的基本方针，也是习近平总书记关于历史文化遗产保护传承的重要论述和重要指示的内容。历史文化遗产可以有效转化为促进经济社会发展的优势资源，促进当地经济繁荣发展。近年来，河南省火爆出圈的文化创意节目，如《唐宫夜宴》《龙门金刚》等，频上热搜的文化创意产品，如考古盲盒、钱币巧克力等，就是从历史文化遗产中获取灵感并创新性发展的。对于城市而言，合理利用历史文化遗产，可以提升城市的文化品位和美誉度，推动经济效益、社会效益和生态效益相统一。不少历史文化遗产都是享誉全球的旅游目的地，比如北京故宫、洛阳龙门石窟、拉萨布达拉宫历史建筑群、澳门历史街区等，为当地经济社会发展做出了重要贡献。

三、健全制度机制，提高非遗传承保护规范化水平

健全组织领导。要压实主体责任，深刻认识加强非遗保护传承的新形势新要求，增强责任感、使命感和紧迫感，把属地管理责任落实到位，确保相关部门和单位各司其职、各负其责，齐抓共管，形成合力，保障各项决策部署落地生根。要加强顶层设计，强化规划引领，做到空间全覆盖、要素全囊括。

完善制度机制。建立和完善以社区为中心，非遗保护机构、社团组织、研究机构、文化创意机构、新闻出版机构、中小学和幼儿园等多元主体参与，集学术研究、社会宣传、产业发展等于一体的保护传承管理机制。

创新激励机制。通过召开专题讨论会、部门联席会议等形式，集思广益、精准施策，鼓励和支持非遗传承人挖掘非遗技艺的历史、传承方式和文化内涵，积极创新拓展非遗文化作品，满足人民群众的精神文化需求。

深化交流互鉴机制。文明因多样而交流，因交流而互鉴，因互鉴而发展。让收藏在博物馆里的文物、陈列在广阔大地上的遗产、书写在古籍里的文字都活起来，为吕梁经济社会发展提供正确的精神指引和强大的精神动力。要以开放包容、兼收并蓄的文化胸怀积极推动非遗领域的合作交流，让非遗成为深化合作交流的桥梁和纽带。

第三节　技术创新：数字化保护与人才培养

数字化技术是一种信息处理技术，即将许多复杂多变的信息转变为可以度量的数字、数据，再以这些数字、数据建立起适当的数字化模型，把它们转变为一系列可以进入计算机的二进制代码的技术。非遗文化的数字化保存、传承与推广已经成为一种趋势。联合国教科文组织颁布的《保护非物质文化遗产公约》指出，"非遗'保

护'指确保非物质文化遗产生命力的各种措施,包括这种遗产各个方面的确认、立档、研究、保存、保护、宣传、弘扬、传承(主要通过正规和非正规教育)和振兴。"

一、数字化创新

数字化技术与非遗传统技艺的结合,为非遗的创新利用提供新的可能性。要立足吕梁非遗资源的禀赋特点,运用数字技术和互联网,推进非遗场馆数字化改造,积极引进虚拟现实、三维实景等,强化云展览、云演出、云讲解等服务功能,丰富展示场景。数字化技术可以帮助传统技艺创造出更具现代感和市场竞争力的产品和服务。例如,利用 3D 打印技术制作传统工艺品、开发基于 AR、VR 技术的互动体验项目等,为非遗传统技艺注入新的创意和活力。数字化技术可以帮助非遗传统技艺拓展应用领域,实现与现代产业的融合。比如,将传统手工艺品应用于现代设计领域、将传统技艺与数字营销相结合等,打开新的市场空间。再比如,将非遗传统技艺与数字化技术结合,开发出线上定制服务、虚拟展览等创新项目。再比如,利用数字化技术开发手机应用,用户可以通过该应用学习非遗技艺、定制非遗作品,同时,也可以参与线上非遗课程和展览活动。这种数字化技术与传统非遗技艺的结合,能够吸引更多年轻人的关注和参与,从而推动传统技艺的创新利用和传承发展。

数字化技术为非遗传统技艺的产品开发和销售提供新的可能性。通过数字化技术,可以开发出基于传统技艺的虚拟产品、数字化艺术品、在线教育课程等,满足现代消费者对非遗的需求。数字化产品的开发不仅可以扩大非遗传统技艺的市场覆盖范围,还可以提升产品的附加值和竞争力。可以尝试建设数据库数字化保护及展示平台,设置非遗项目的作者、作品、清单、展藏、智库等板块。这样的数字化产品不仅可以帮助传统技艺更好地走进现代生活,也为非遗的传承和发展提供了新的途径和可能性。同时,通过数字平台进行线上线下结合,为大众提供全流程数字化的高端文创产品销售服务,利用现代化的营销手段塑造良好的非遗产品形象,打响非遗在社会上的知名度,使其商业价值有效提升,也可真正实现古老非遗的完全开发。

数字背景下的展览和交互形式,为推动非遗数字化保存、数字非遗文化宣传与推广提供新的可能性。利用数字孪生技术创建虚拟模型,如构建传承人数字人、宣讲人数字人以及活态 IP（知识产权），通过数字技术，将其传承信息转化为数字信息加以保存，以丰富非遗文化的呈现方式。在虚拟体验方面，利用 MR（混合现实）、VR、AR 等技术，创建虚拟展览，使用户能够亲身感受非遗项目，提高用户的参与度和理解程度。在知识图谱绘制方面，借助元宇宙非遗博物馆，结合云端数据库对吕梁非遗数据进行 AI 算法分析，搭建数字可视化平台，对数据进行转化处理。采用文本分析算法、图像分析算法等技术，深度挖掘吕梁非遗的文化特征，从而以"结构—归纳—关联"的处理方式，实现数据到文字、文字到视觉的转化。通过扩大传播途径，充分发挥新媒体的传播效益，推动非遗可持续发展。

当前，以非遗类视频的方式呈现非遗文化已经成为保护非遗文化的最佳途径。视频作为留存技艺的一种主要表达方式，能够记录和弘扬中华优秀传统文化，展示非遗的多样性，可以体现非遗文化传承人的生存方式和精神状态，有助于参观者了解非遗传承人的内心世界和真实的故事，为非遗文化留下浓厚的历史记忆。首先，视频具有纪实性，可以真实记录非遗技艺，即使传承中断或出现意外，后人仍能通过影像学习、了解技艺及背后的故事。其次，纪录片具有再现历史的特性，可以重新再现现实中已经发生的场景，通过角色扮演等方式进行演绎拍摄，让观众更直观地感受主人公的心境。最后，视频可以将历史与现实结合，在纪实性的基础上加入历史元素，避免说教模式，让观众在观看过程中进行独立思考，深入体验中华优秀传统文化的深厚底蕴。利用历史与现实结合性的特点，增强故事情节的丰富性，烘托气氛，深化内涵，升华主题，为非遗文化注入更多的魅力。

二、数字化教育

数字化技术为非遗传统技艺的教育和传承提供了新的途径。数字化教育是以互联网、物联网为载体，以数据资源为关键要素，将数字技术与教育要素深度融合，推动教育变革创新的过程。

非遗数字化教育包括传承人培养和公众普及传播两方面。传承人培养数字化的核心在于教育内容的数字化，传统文化和技艺往往需要口传心授，但通过数字化手段可以记录相关的知识、技能以及历史传承故事等信息，制作成在线课程、虚拟体验等形式，通过数字化平台和在线课程，可以将传统技艺的知识和技能传播给更广泛的受众；在虚拟环境中进行实际操作，模拟真实场景，可以提高学生的参与感，拓展学生的学习深度，便于其随时随地获取相关知识。对于部分小众濒危非遗项目现存传承人不足的现象，可通过数字留存档案，以避免未来非遗项目失传。在数字人方面，主要包括非遗传承人数字人、非遗宣讲人数字人以及活态 IP 三个方面。首先是非遗传承人数字人在构建和培养阶段需要以传承为导向，创建数字化传承人，以便于非遗的活态保护。其次是宣讲人数字人，主要被运用于传播平台，如与文旅融合的交互场景可以采用宣讲人数字传播非遗知识。最后是活态 IP 的构建，以静态非遗为主要转化对象进行活态 IP 设计，让静态非遗活态化。

如前所述，非遗传承人不足，在一定程度上是由于一些年轻人希望改变原有的生活方式，不愿意学习传统的手工技艺。数字化可以打破以往的教育方式，设计富有创意和趣味性的教育内容，采用动漫、游戏等方式，以更轻松、生动的形式呈现非遗知识，激发年轻人的学习兴趣。相关人员可以开发符合年轻人审美和消费习惯的数字非遗产品，如虚拟文物展品、戏剧表演类数字音乐、动态影像、AR 或 VR 游戏等，以新颖的方式呈现非遗项目，促进年轻一代对非遗文化的深度挖掘。在公众普及传播方面，数字化对非遗文化传播的帮助不仅在于拓宽了传播渠道，而且在于提升了观众体验。通过数字化教育平台，学习者可以了解非遗的历史渊源、制作工艺。同时，学习者还可以通过这些教育平台分享自己的作品、交流经验，与其他非遗爱好者互相学习和交流。这样的数字化教育平台为非遗艺术的传承提供了新的途径和可能性，吸引了更多年轻人对非遗艺术的关注和参与，推动了非遗的传承和发展。

数字化教育可以通过多媒体形式呈现非遗文化，用短视频、社交媒体、直播等多媒体手段加以宣传，展示非遗项目的有趣和独特之处。同时，设计互动体验，如 VR 游戏、在线互动展览等，引导观众更深入地了解非遗文化。观众可通过虚拟数字平台参观，无需实际到达展览场馆，这可以丰富他们的学习体验。数字化教育还可以记录和保存非遗传统技艺的传承过程，为后人提供宝贵的学习资源。比如，线上虚拟博物馆能提供一个集中存储和管理非遗文化数字资源的平台，观众可随时访问，获得便捷的文化体验。通过社交媒体等平台，观众能够分享自己的学习心得和感受。这样的社交分享形成了良好的传播口碑，不仅增强了观众的参与感，而且扩大了非遗文化的传播范围。

三、数字化保障

建立吕梁非遗数字化的保障机制是推动吕梁非遗走得长走得远的重要路径，具体可以从政策保障、行政保障、资金保障、传承保障等入手。从国家非遗保护的现状看，部分保护制度未能贴合吕梁非遗的特点和发展需求，限制了吕梁非遗数字化保护的深入实施。吕梁几乎每个区域都有其独特的非遗项目，需要特殊的政策支持和保护。这包括明确定义非遗数字化的范围和重要性，鼓励与数字化保护相关的单位合作，这样不仅有利于非遗的数字化记录和保护，而且可以为相关部门提供必要的数据和信息，以便其更好地制订相关举措。此外，行政和文化单位还可以在数字化非遗保存和传播方面发挥指引与推广的作用，帮助公众更好地理解和参与非遗文化的保护与传承。这样将实现吕梁非遗数字化更高效、更全面地管理和利用，从而为非遗文化的传承和发展提供更多支持。同时，为确保吕梁非遗保护、数字化传承和文化弘扬，建立健全、稳定、有效的非遗资金机制刻不容缓。相关部门要加强政策支持和资金投入，将专项资金用于非遗数字化项目的开展，促进各区域进行合力保护。要建立透明有效的资金管理体系，保证资金使用的合理性。建立监督机制，定期审计资金使用情况，确保公共资金用于非遗数字化传承和保护项目。从传承保障角度而言，为保证非遗的顺利传承，必须为传承人提供培训、技术、经济等方面的支持。这包括改善传承人的发展待遇、为其提供文化非遗交流机会等措施，激励他们将非遗技艺传承给后代，继续推动非遗文化的传承和发展。从技术保障角度而言，技术的维护是非遗文化从实体技艺转化为数字文化的重要保障。培养数字化人才是关键，他们具备数字技术知识和创新能力，如编程、数字内容制作、数字化展示等方面的技能，能够推动数字技术的不断发展和应用。

第四节　活化路径：文旅融合，品牌塑造

党的二十大报告指出："坚持以文塑旅、以旅彰文，推进文化和旅游深度融合发展。"要不断挖掘历史文化资源，发挥吕梁非遗资源优势，与其他旅游资源产生联动效应，打造"非遗+"模式，蹚出一条非遗旅游与文化消费、乡村振兴、城市文化艺术事业融合共荣的新路径。

一、"非遗+文创"

创产品。文化创意和艺术设计通过有形或无形的方式作用于非遗资源，以现代化的思维、观念、工具、技术、产品等推动非遗创新发展。一要提升产品设计创意。应用现代设计手法创新设计传统图案，也可以将传统文化元素和现代科技元素进行结合，把吕梁文化元素、自然景观融入文创产品设计中，从而在文创产品开发设计中体现出产品的独特性与创意性。二要提高产品设计艺术水平。在产品设计中能够针对产品的色彩、图案、材质进行精心搭配设计，促进文创产品的艺术性水平得到有效提升，比如可以提高色彩鲜艳度、应用优美线条和优良质感的材料等，促进文创产品视觉效果和艺术价值得到有效提升。三要体现出精品化特征。文创产品加工设计当中还要注重对细节的把控与品质要求，使文创产品加工体现出精品化特征，比如可以应用先进的加工技术和优质原材料提高产品质量，做好对产品加工生产过程的品质控制管理工作，保障各个生产环节的精细化管理。四要体现出品牌化优势。尤其是在文创产品包装设计上，要融入吕梁地区的特色文化元素和旅游信息，使文创产品在包装方面体现出较强的地域特色和鲜明的品牌形象，从而给游客留下深刻的产品体验。五要使营销策略趋向故事化发展。能够以故事化特征体现出文创产品的丰富文化内涵和独特的品牌形象。比如可以在吕梁非遗元素的应用基础上，为文

创产品开发设计创作具有较强故事性和情感特征的营销文案，从而在故事化营销文案中吸引消费者的注意力、激发消费者情感共鸣，在此过程中结合社交媒体渠道提高与消费者的互动交流效率。

创品牌。坚持品牌化运作，满足消费升级与文化消费需求。传统技艺类非遗的良性发展需要摆脱"输血救治"性的保护开发，跨过品控、产能和品牌三道关口。在品牌方面，传统工艺在市场经济环境下所具有的价值，除了其固有的产品价值，还有从历史文化遗产转化而来的品牌价值。而传统技艺类非物质文化遗产通过品牌化、市场化运作获得的资金，又可以重新投入传统工艺的传承和创新中，实现工艺的迭代。要着力塑造数字化品牌。首要任务是结合当代审美趣味，融入现代元素，打造更别致、更具个性化的品牌形象。结合当下网络文学、数字动漫、游戏开发等行业的跨界合作，将其创作成与当代市场需求密切相关的作品。其次是扎根于文化内涵。通过对吕梁非遗项目的研究，了解其背后的文化意义、情感诉求和哲学意蕴。在塑造品牌形象时，借助社交媒体、短视频平台等线上路径，通过实体店氛围营造、设计竞赛等线下活动，利用相关文本资源，如人物典故、轶事传说、饮食文化等，运用实物、图片、视频等形式进行推广，以展现文化内涵、提高品牌的辨识度和消费者的认同感。应依托吕梁非遗文化资源，构建特色文创品牌，并明确品牌定位，强化其核心价值，凸显吕梁文化的独特魅力。首先应注重品牌建设，了解吕梁非遗文创产品的品牌优势，客观分析存在的问题，找到品牌差异化的切入点，通过强化品牌的文化属性，让消费者能够清晰地感受到吕梁非遗文创产品所蕴含的文化内涵，塑造有吕梁特色的文化创意品牌形象，从而提高吕梁非遗文创产值。其次，吕梁文创企业应利用品牌影响消费者的生活态度和价值取向，通过讲述品牌故事、传播品牌理念，增强消费者对品牌的认同感；通过不断完善品牌服务，确保消费者获得良好的体验。最后，吕梁文创企业应通过整合新媒体和传统媒体资源进行品牌营销，应用多元化的传播媒介与文化展现形式，策划线上线下相结合的民族文化体验活动，通过跨界合作与资源共享，实现非遗文化元素在现代文创中的广泛应用。

创平台。通过建设特色非遗的创作、展示、交易、传播、体验等平台，为非遗文创创造一个更好的文化输出环境。线下可以整合传统手工技艺、传统服饰、传统美食、书画、古玩等，打造非遗特色文化一条街，同时不断促进非遗创新基地、手工艺创作基地、民俗文化活动等品牌建设。线上可以通过现代科技手段的加持，强化文化创意与生产制作技术、展陈传播技术和消费终端技术等协同能力，不断利用新媒体、多媒体等手段打造具有吕梁非遗元素的非遗文创品牌，同时用声光电组合的装置艺术、影像作品等提高传统文化的吸引力，扩大非遗文化和非遗手艺人的知名度和影响力，进一步扩展非遗文创的市场影响力。线上线下共同发展，才能将非遗和文创的结合发挥出最大价值。

二、"非遗 + 研学"

研学旅行作为一种新型的教育方式，越来越受到人们的重视和关注。研学旅行既是一种学术研究活动，也是一种体验式教育形式。通过走进实地、触摸真实，研学旅行能够激发学生的学习兴趣，给学生带来很多积极的意义。非遗保留着传统文化的原生状态、延续着民族的生命记忆、蕴藏着民族文化根源，在情感、思想、文化层面有着独特的育人价值，与研学旅行结合起来，既可促进非遗的保护与传承，又可发挥非遗与研学旅行的育人价值。

激活资源。吕梁民间文学、传统音乐、舞蹈、戏剧、曲艺、技艺、民俗等共同织就了吕梁文化的壮丽图景。如何让这份宝贵的非遗在青少年心中生根萌芽，得到充分的关注、发展和传承是需要解答的重要课题。这就需要梳理非遗项目、挖掘其背后的价值观念和思想情感，将民间技艺和文化碎片串联起来，形成具有地方特色的研学资料库。需要注意的是，基于本土非遗项目、讲好当地故事是推动非遗研学不可或缺的一环。

推动融合。首先是平台的融合。建立研学教育实践基地和营地，开发研学实践课程和精品线路，不断融合已有的研学平台，搭建集非遗基地、保护传承、研学培训于一体的实践教育平台。同时，完善非遗体验基地、非遗工坊、展示厅、传承体验场所和传承人工作室建设，增强互动演示和体验教学。其次是空间的融入。将吕梁非遗项目尤其是代表性项目有机融入旅游空间，搭建打造非遗展示与技艺传承的特色景区，提升旅游空间的文化内涵与底蕴。最后是人才的融合。开展双向培训，提升研学导师在非遗领域的专业素养，增强非遗传承群体的传播意识和能力。

开发课程。根据学段特点和地域特色，围绕乡土情、家国情开展系列化、层次化的研学课程设计，确保研学活动的教育性和公益性。一方面是以多样的非遗项目拓展研学旅行课程内容，再对民乐、戏曲、皮影等传统文化进行探究、整理，丰富研学旅行课程内容。另一方面是突出非遗在研学旅行主题课程实践教学中的作用。例如学生可在传统戏剧、美术的鉴赏中，领略多样的色彩搭配技巧、审美情趣，潜移默化地提高审美能力，在剪纸、刺绣等非遗的创作中感知美、理解美、创造美，开阔眼界；可丰富研学旅行课程内容，助推高质量、好口碑课程的开发，继而提升传统文化的日常参与度，提升学生的实践操作能力，例如传统戏曲、民间手工技艺、传统舞蹈等非遗研学项目的成立与落实，既可丰富扩展研学种类、研学内容，又可让人文底蕴深厚的非遗参与校内校外教育，让学生于理论教学中掌握不同区域的文化特色，于实践教学中提升自己的动手能力。

三、"非遗＋演艺"

非遗是活态的文化遗产，不仅见证、承载着历史与过去，更凝聚着"人"的精气神，为旅游演艺提供了内容与形式的双重滋养。"非遗＋演艺"已经成为文旅深度融合的典型模式，让非遗以更加年轻的姿态、更加青春的面貌、更加流行的样子走进观众眼中，走入大众心中。非遗要素与演艺产品的结合维度不断拓展，非遗在旅游演艺中的"戏份"越来越重。2023 年 2 月，文化和旅游部印发《关于推动非物质文化遗产与旅游深度融合发展的通知》，提出鼓励旅游演艺创作从非物质文化遗产中汲取灵感和素材，将非物质文化遗产蕴含的核心思想理念、传统美德、人文精神，运用丰富的艺术形式进行当代表达。

一要打造实景化舞台，推动非遗从文态到业态。传统戏剧对当代观众尤其是跨城游客而言具有天然的陌生感和距离感，但戏曲特有的腔调韵味与岛上庭院等实景空间的结合却能够迅速催化出穿越之感，将观众带入特定的故事语境中。声光电、多媒体等技术手段所营造出的视听效果，能够将观众的情绪带入高潮，收获视觉、听觉、情感、心理上的多重满足。非遗实景演出进入城市空间，不仅为非遗的活态传承找到了一方新舞台，更以视听的奇观性、体验的丰富性、文化的浸润性吸引市民、游客在此处停留、打卡，进而以一小时的文化体验撬动一整夜的衍生消费。在大文旅、深融合的背景下，城市空间内非遗实景剧的运营逻辑也在发生变化，低票价甚至是免门票的运营策略在不断放大其"撬点"的功效，也实现了从"门票经济"向"人气保障"的转变。

二要融入互动化观演，推动非遗从无形到有形。借助数字技术让观众走进虚拟空间，通过数字场景模拟与线下沉浸式数字观展等先进技术，实现观众与文物的实时互动。孝义皮影等可以邀请观众走进现实场景，亲手体验。相较于简单地将文物摆进展柜让人驻足欣赏，这种既有物又有人的亲身体验，无疑能够增加观众对这种传统艺术形式的印象。

三要设计沉浸式体验，推动非遗从古代到现代。融合现代科技，打造时光交错体验馆、非遗故事剧场、互动工坊等，结合线上线下联动，让古老的非遗文化在新时代焕发生机，实现保护与传承的双重目的。通过数字技术打造"时空隧道"，观众仿佛穿越至历史现场，亲身参与非遗技艺的制作过程中，如 VR 体验刺绣、陶瓷制作等，让非遗技艺可视化、可感知。以戏剧化的手法重构非遗故事，设置多维度展示空间，结合情景剧、光影秀、交互式投影等手段，让静态的展品"讲故事"，让观众沉浸在生动的情境之中。设立互动体验区，邀请非遗传承人现场教学，让参观者亲手尝试剪纸、扎染、面塑等传统技艺，同时结合 AR 技术，让成品"活"起来，增进观众对非遗的理解和喜爱。采用地图式布局，将各地代表性非遗项目分区展示，并通过电子导览系统，帮助观众快速定位感兴趣的内容，形成"一站一景"的游览体验。结合现代审美和实用性，开发非遗文创产品，并在展厅内设立展示与售卖区，让非遗走出展厅，融入现代生活，实现非遗文化价值与经济效益的双赢。运用先进的光影技术，将非遗元素与现代艺术相结合，如激光雕刻、3D 投影等，为观众带来耳目一新的视听享受，诠释非遗的当代美学价值。打造线上线下同步的非遗展示平台，通过 APP、小程序等工具，实现虚拟展厅、在线课程、直播互动等功能，让更多无法实地参观的观众也能参与其中，领略非遗的魅力。

四、"非遗 + 节庆"

传统节庆中的非遗是群众社会关系的重要连接点。在传统节庆中，一些集体性的非遗活动备受关注。通过集体性的非遗活动，基层群众的社会关系逐渐恢复，对乡村、家庭的认同感进一步增强。

融合节日场景，打造系列品牌。抓住传统节日这个传承弘扬中华优秀传统文化的时间节点和大平台，精心遴选与传统节日文化内涵相契合的非遗项目展示展演，突出围绕节庆共赏共叹、共同体验参与非遗的主题主旨，打造系列品牌活动。非遗表演可以在乡村庙会、当地传统节气节日进行，并向周边县市发放庙会宣传资料，吸引游客前来参加；也可利用本土的"网红"效应，邀请"网红"来对庙会进行直播，向其粉丝宣传非物质文化遗产，设立演艺体验环节、现场教授吹奏技巧等，增加互动，这样，非遗很容易被群众接受且有足够的印象记住这项非遗。

整合各方资源，促进非遗传承创新。非遗节庆活动将不同地区、门类的非遗项目聚集起来，汇集众多非遗项目，聚集不同领域人才，搭建起传承人与传承人之间、传承人与群众之间交流的平台，让大家在教与学中共同体验非遗项目、碰撞思维的火花，为广大人民群众奉上形式多样的节日盛宴，营造浓郁的传统节庆氛围，激发传承与创新的兴趣动力。

充分挖掘非遗资源，满足多元需求。着眼为广大人民群众提供高品质、多项目、接地气、多形式的文化体验，举办美轮美奂的专题展、色香味俱全的评鉴会、琳琅满目的年货集市等，让观众可以亲自动手"DIY"的体验课，而且从 7 岁至 60 多岁都能找到适宜的内容，满足群众的参与感、体验感和成就感、获得感，激发群众参与的热情与积极性，使群众从单纯的接受者、享有者转变为公共文化的参与者和分享者，有效提升公共文化服务的质量。

五、"非遗 + 乡村振兴"

吕梁非遗主要分布在乡村，把非遗文化传承与推进乡村振兴有效结合，在农村拓展非物质文化遗产传承发展的广阔天地。非遗的传承发展成为建设具有生态文明理念、坚持绿色发展道路振兴乡村的重要力量。

创建运作链条推动产业融合。在非遗与乡村旅游融合中，创建"政府 + 农业农户 + 非遗 + 企业"运作链条，将政府的带动力量、农业以及本地居民（主要是农户）的积极参与、非遗传承人的特色技艺、企业的生产力融为一体，使四者相互作用，同时文旅局、人社等部门要在政府的领导下，跨部门协作为非遗与乡村旅游的融合发展打造畅通无阻的"高速路"。此外，旅游业与非遗文化以及农业全面融合发展，生产特色旅游产品时，可以与农户签订协议，由农户种植绿色无公害的荞麦、高粱等粮食作物，工厂生产环节融入非遗传承人的特色技艺，这样不仅带动了农业的发展，也让非遗文化得以凸显。

深入开展非遗旅游文创产品、研学体验产品和数字产品的研发和生产，提升非遗产品附加值，延伸产业链，为乡村振兴提供产业支持。引导不同类别的非遗企业个性化发展。开发系列根植非遗文化、衔接现代需求的文创产品、文化衍生品和各类商品，构建完善的非遗产品矩阵。帮助非遗专注中高端市场，进行品牌化经营，通过与设计师联名、与著名品牌合作、加强文化传播，挖掘品牌属性。帮助非遗产业提升产品设计和技术创新能力，细分全手工、半手工、全机械产品和市场，完善覆盖低、中、高端市场的产品矩阵。具有较高生活化属性的非遗产品，通过规范化生产、加强营销、注入文化元素、提升工艺水平和产品质量，拓展市场。通过引进外部优势企业和品牌、培育壮大本地龙头企业、扶持小微企业，吸引企业集聚、项目集聚和要素集聚，加强非遗产业对周边相关产业的带动作用。完善协作、社会力量参与发展、鼓励多元传承、引导各类人才返乡创业等机制，提升各类主体深度融合和创新发展能力，构建义务教育、高等教育与传承人、领军人才和社会培训等相结合的乡村非遗人才多元培育体系。引导非遗企业树立现代经营理念，培育和扶持非遗 IP、非遗品牌。提升传承人和企业应用新技术、新方法、新工具的能力，推动非遗产业在传统工艺的基础上融合现代生产技术手段，创新生产方式、降低生产成本、提高生产效率。

打造精品路线推动产品融合。非遗之美不能仅仅局限于研究层面，将非遗展现在大众眼前，通过与乡村旅游业的融合，开通精品路线，为游客提供参与非遗的机会，将非遗的文化内涵深深刻入游客心里，展现出地方特色文化底蕴。特色乡村旅游路线也有助于形成旅游景区，激发吕梁旅游资源的活力，助推吕梁旅游业的发展。要找准非遗文化和旅游的最大公约数、最佳连接点，开通吕梁特色乡村旅游路线。依托景区、特色乡村等资源，鼓励非遗传承人、文化创业群体通过新兴的文化工作坊、非遗工坊、创意概念店、主题文化店、文化体验店、文化空间等形式对非遗文化资源进行创造性转化，提炼非遗核心文化元素和代表性文化符号，将文化元素、文化符号和文化精神融入旅游资源、场所、设施、空间和产品，形成独树一帜的非遗文化景观，将非遗转化成为诗和远方的符号意义，突出特有的吕梁文化内涵，进一步增强吕梁旅游的文化魅力和文化吸引力。挖掘开发民族传统音乐、舞蹈、戏剧、体育等文化资源，开发为各类高质量旅游演出和文化体验项目。深化对非遗传统技艺和生产、生活、节庆、礼仪、习俗等文化资源的开发，深度培育和发展研学、体验、亲子游等新业态，切实带动民宿、餐饮、文艺演出、非遗产品生产等产业发展，努力形成"非遗文旅资源深度融合——非遗文旅产品体系培育——非遗文旅产业功能提升"的发展体系。创设特色乡村旅游路线中，像一些比较静态的非遗如民间文学、剪纸、面塑等，可以采用展厅以及博物馆的形式进行展现，动态的如孝义皮影、文水鈲子、柳林盘子会等可以采用演艺的形式展现。在乡村旅游路线的开发过程中满足游客游玩需要的同时也要满足住宿、购物等需求。

建构现代非遗宣传和营销体系。加强非遗产品传统营销渠道建设，促进非遗文化产品进景区、进商超、进机场车站、进特色街区，通过新闻媒体、非遗直播、短视频、电商平台等载体拓展非遗文化和产品的传播与销售渠道，推进线上线下营销渠道融合。通过文化赋能，制作优秀传播内容，展示非遗文化的价值，促使用户对内容产生认同，进而提高目标群体留存率、培育稳定优质客源、引导消费完成。加强非遗文化产业与本地生活资源协调，加快用户年轻化背景下数字化转型，加强新兴网络平台营销领域的定向深耕。加强知识产权保护意识、品牌意识和 IP 意识，培育包括非遗老字号品牌、非遗区域品牌以及非遗传承人个人品牌的品牌矩阵，推动非遗以更新的面貌、更多样的方式、更迷人的姿态融入现代生活。

"纤纤不绝林薄成，涓涓不止江河生"，非遗的持续性保护与传承给吕梁带来了看得见的实惠和信心。加强系统性保护，推进非遗创新性发展，焕发吕梁绵延的文化生命力，将成为增强文化认同、坚定文化自信的强大精神支撑。

附　录

一、调研问卷及统计结果分析

吕梁市非物质文化遗产问卷调查数据统计问题设置

（1551 个样本）

第 1 题：您的性别？

第 2 题：您的年龄？

第 3 题：您的学历？

第 4 题：您所在的县区？

第 5 题：您的职业？

第 6 题：您知道非物质文化遗产的概念吗？

第 7 题：您了解吕梁市非物质文化遗产的程度吗？

第 8 题：您知道中国的文化遗产日吗？

第 9 题：您知道以下哪些吕梁市非物质文化遗产？

第 10 题：您参加过吕梁市非物质文化遗产保护宣传活动吗？

第 11 题：您关注吕梁市非物质文化遗产吗？

第 12 题：您认为吕梁市非物质文化遗产有价值、重要吗？

第 13 题：您认为保护非物质文化遗产有意义吗？

第 14 题：您如何评价学校传承非物质文化遗产的必要性？

第 15 题：您对吕梁市非物质文化遗产保护有了解吗？

第 16 题：您认为吕梁市非物质文化遗产保护效果如何？

第 17 题：您认为吕梁市非物质文化遗产保护工作还存在哪些不足？

第 18 题：您认为您在吕梁市非物质文化遗产保护中担任何种角色？

第 19 题：您参加过哪些类型的吕梁市非物质文化遗产宣传活动？

第 20 题：您认为保护吕梁市非物质文化遗产应采取哪些措施？

第 21 题：您是通过何种渠道了解吕梁市非物质文化遗产？

吕梁市非物质文化遗产问卷调查数据统计结果分析

（1551 个样本）

第 1 题：您的性别？

分析结论

根据数据表格可知，本题有效填写人次为 1551 人。在这 1551 人中，女性占比 68.47%，男性占比 31.53%。可以看出，女性参与本次调查的人数明显多于男性。

第 2 题：您的年龄？

分析结论

根据数据表格可得出：本题有效填写人次为 1551 人。年龄在 13 岁 –24 岁的人数最多，占比为 52.73%；其次是 36 岁 –50 岁的人数，占比为 31.21%；25 岁 –35 岁的人数占比为 9.74%；51 岁以上的人数占比为 6.32%。

可以看出，参与该单选题的人群年龄主要分布在 13 岁 –50 岁之间，其中以年龄较轻的人群为主要参与者。

第 3 题：您的学历？

分析结论

本题有效填写人次为 1551 人，其中本科学历的人数最多，占比为 43%；其次是初中学历的，占比为 31.4%；高中学历的占比为 16.51%；小学学历的占比为 4.13%；研究生学历的占比为 4.96%。可以看出，本题的受众以本科学历者居多，而小学学历和研究生学历的人数相对较少。

第 4 题：您所在的县区？

分析结论

柳林县的占比最高：从数据表格中可以看出，柳林县的选择人数最多，达到了52.35%，远远超过其他县区。这可能是因为柳林县的人口基数较大，或者受访者中柳林县的人较多。

其他县的占比相对较低：除了柳林县外，其他县区的选择人数占比都较低，大部分都在 1% 到 2% 之间。其中，兴县、岚县、方山县、中阳县、石楼县、交口县、交城县、文水县、临县的选择人数占比都在 1.5% 以下。

离石区的占比相对较高：除了柳林县外，离石区的选择人数占比相对较高，为15.47%。这可能是因为其在行政级别或地理位置上与其他县区有所不同，导致受访者中的人较多。

"其他"选项的占比不容忽视：在数据表格中，"其他"选项的选择人数占比达到了 19.91%，这是一个相对较高的比例。这可能是因为有些受访者不确定自己所在的县区，或者选择了其他不在列表中的县区。

综上所述，柳林县是选择人数最多的县，而其他县区的选择人数相对较少。同时，"其他"选项的占比也不容忽视，需要在后续的数据分析中进一步探讨。

第 5 题：您的职业？

分析结论

根据数据表格显示，本题有效填写人次为 1551 人。在这些人中，学生是最大的职业群体，占比达到 53.45%；其次是事业单位人员，占比为 20.37%；农民占比为 17.21%；工人占比为 7.8%；公务员占比为 1.16%。可以看出，受访者中学生群体最为庞大，而公务员群体最为稀少。

第 6 题：您知道非物质文化遗产的概念吗？

分析结论

在关于非物质文化遗产概念认知的调查中，我们可以看到大部分受访者

（72.72%）对非物质文化遗产有"大概了解"的认识，显示出非物质文化遗产在公众中的普及程度较高。然而，也有相当一部分受访者（16.38%）表示"不了解"非物质文化遗产的概念，表明在这一领域的普及教育仍有待加强。同时，仅有 10.9% 的受访者表示"很了解"非物质文化遗产，这说明尽管有一定的认知基础，但深入了解和专业知识仍然较为稀缺。因此，对于非物质文化遗产的推广和教育，应继续加强，特别是在提高公众的深度了解和专业知识方面。

第 7 题：您对吕梁市非物质文化遗产的了解程度如何？

分析结论

根据给定的单选题数据表格显示，对于吕梁市非物质文化遗产的了解程度，超过半数的人（51.25%）表示只是一般了解，28.05% 的人表示比较了解，6.77% 的人表示很了解，而只有 13.93% 的人表示完全不了解。因此，大多数人对吕梁市非物质文化遗产有一定的了解。

第 8 题：您知道中国的文化遗产日吗？

分析结论

根据数据表格显示，本次调查的 1551 人中，有 646 人（约占 41.65%）知道中国的文化遗产日，而 905 人（约占 58.35%）不知道。

第 9 题：您参加过吕梁市非物质文化遗产保护宣传活动吗？

分析结论

根据数据表格显示，可以得出以下结论：经常参加非物质文化遗产保护宣传活动的人数为 85 人，占有效填写人次的 5.47%；参加过非物质文化遗产保护宣传活动但不多的人数为 348 人，占有效填写人次的 22.44%；很少参加非物质文化遗产保护宣传活动的人数为 804 人，占有效填写人次的 51.84%；没参加过非物质文化遗产保护宣传活动，且对此也不感兴趣的人数为 314 人，占有效填写人次的 20.25%。

综上所述，参加非物质文化遗产保护宣传活动的人数相对较少，大多数人很少或者没有参加过这类活动。这可能说明在吕梁市，市民对非物质文化遗产保护宣传活动的参与度较低，需要进一步加强宣传和推广工作，提高市民对非物质文化遗产保护的认知和兴趣。

第 10 题：您关注吕梁市非物质文化遗产吗？

分析结论

从提供的数据表格来看，吕梁市非物质文化遗产在受访者中的关注度呈现出积极的态势。首先，超过七成的受访者表示"碰到过，会关注"，这显示出大多数人对非物质文化遗产有一定的认知和兴趣。其次，约一成的人表示"很关注"，这部分人群对非物质文化遗产有着更为浓厚的兴趣和热情。然而，也有近两成的人表示"没兴趣，基本不关注"，这部分人群对非物质文化遗产的认知和兴趣相对较低。

综上所述，吕梁市非物质文化遗产在受访者中得到了广泛的关注和认知，但仍有一部分人群对其缺乏兴趣。因此，在推广和保护非物质文化遗产方面，可以进一步加强宣传和教育，提高公众对其的认知度和兴趣度。

第 11 题：您认为吕梁市非物质文化遗产有价值、重要吗？

分析结论

根据数据表格显示，对于吕梁市非物质文化遗产的价值和重要性的评价分布如下：很重要，具有文化底蕴的选项得到了 805 人的选择，占比为 51.9%。重要，接近生活的选项得到了 528 人的选择，占比为 34.04%。一般，属于过去的历史文化可有可无的选项得到了 179 人的选择，占比为 11.54%。不重要的选项得到了 39 人的选择，占比为 2.52%。

综合分析，大部分人认为吕梁市非物质文化遗产具有价值且重要性较高，其中有一部分人认为非物质文化遗产接近生活，反映了其与当地居民生活密切相关。少数人认为非物质文化遗产属于过去的历史文化，可有可无。只有极少数人认为非物质文化遗产不重要。

这些结果表明，吕梁市的非物质文化遗产在当地居民中具有较高的认可度和重要性，对于保护和传承吕梁市的非物质文化遗产具有积极意义。

第 12 题：您认为保护非物质文化遗产有意义吗？

分析结论

在本次单选题中，共有 1551 人有效填写。其中，73.44% 的人认为保护非物质文化遗产非常有意义，象征着文化软实力；18.38% 的人认为先发展经济，然后再保护这些文化；6.18% 的人认为意义不大，应重视当代文化；2% 的人认为没有意义。因此，大多数人认为保护非物质文化遗产有意义，其中以"非常有意义，象征着文化软实力"这一选项的比例最高。

第 13 题：您如何评价学校传承非物质文化遗产的必要性？

分析结论

根据数据表格显示，超过一半的受访者（56.22%）认为学校传承非物质文化遗产很有必要。40.04% 的受访者认为可以，但应该利用课余时间来进行。仅有 3.74% 的受访者认为没有必要。因此，大多数受访者认为学校传承非物质文化遗产是必要的或者可以的。

第 14 题：您对吕梁市非物质文化遗产保护有了解吗？

分析结论

从数据表格中可以看出，在吕梁市非物质文化遗产保护的了解程度上，选择"比较了解"的占比最高，达到了 51.45%。其次是选择"不了解"的，占比为 38.1%。而选择"非常了解"的占比相对较低，仅为 10.44%。

这表明在吕梁市，大部分人对于非物质文化遗产保护有一定的了解，但仍有近四成的人表示不了解。因此，在非物质文化遗产保护方面，吕梁市仍有待加强宣传和教育，提高公众对于非物质文化遗产的认知和保护意识。同时，对于已经对非物质文化遗产保护有所了解的人群，可以进一步加强他们的参与度和积极性，共同推动吕梁市非物质文化遗产保护事业的发展。

第 15 题：您认为吕梁市非物质文化遗产保护效果如何？

分析结论

从数据表格中可以看出，对于吕梁市非物质文化遗产保护效果如何的问题，大部分受访者认为保护有一定效果，占比达到了 66.6%。同时，有 26.63% 的受访者认为保护效果很好，成效显著。然而，也有 6.77% 的受访者认为保护没有效果。

这些数据表明，吕梁市在非物质文化遗产保护方面已经取得了一定的成效，但仍有部分受访者认为保护效果并不明显或没有效果。因此，相关部门需要继续努力，加强非物质文化遗产的保护工作，确保这些宝贵的文化遗产得到更好的传承和发展。同时，也需要关注受访者的反馈，了解他们的需求和期望，以便更加有针对性地开展保护工作。

第 16 题：您认为吕梁市非物质文化遗产保护工作还存在哪些不足？

分析结论

根据数据表格显示，吕梁市非物质文化遗产保护工作存在以下不足：

宣传力度不够：宣传力度不足是最为突出的问题，占有效填写人次的 58.67%。这可能导致公众对非物质文化遗产的认识和重视程度不足。

学校教育传承作用不明显：学校教育在非物质文化遗产保护中的传承作用不明显，占有效填写人次的 48.87%。这可能意味着学校在非物质文化遗产保护教育方面需要加强。

政府对非物质文化遗产重视不够：政府对非物质文化遗产的重视程度不足，占有效填写人次的 39.26%。这可能导致政府在非物质文化遗产保护方面的政策和资源投入不足。

社会民众对非物质文化遗产价值认识有限：社会民众对非物质文化遗产的价值认识有限，占有效填写人次的 58.22%。这可能导致公众对非物质文化遗产保护的参与度不高。

其他原因：还有 17.02% 的有效填写人次选择了其他原因，具体原因不明确。

综上所述，吕梁市非物质文化遗产保护工作存在宣传力度不够、学校教育传承作用不明显、政府对非物质文化遗产重视不够和社会民众对非物质文化遗产价值认识有限等问题。针对这些问题，可以加大宣传力度，加强学校教育传承，提高政府对非物质文化遗产的重视程度，增加社会民众对非物质文化遗产的认知和参与度。

第 17 题：您认为您在吕梁市非物质文化遗产保护中担任何种角色？

分析结论

根据数据表格显示，可以得出吕梁市非物质文化遗产保护中，参与者和宣传者的比例较为接近，分别为 27.92% 和 31.46%，而旁观者的比例较高，为 40.62%。可以推测，在吕梁市非物质文化遗产保护中，参与者和宣传者的数量较少，需要进一步加强相关工作，提高社会的参与度和宣传力度。

第 18 题：您参加过哪些类型的吕梁市非物质文化遗产宣传活动？

分析结论

在吕梁市非物质文化遗产宣传活动中，参与者最经常参加的是"各类文化节宣传活动"，占到了 47.71%，显示出文化节宣传活动在非遗宣传中具有较高的吸引力和参与度。

其次，参与者较多地参与了"传习馆、民俗博物馆"的活动，占到了 40.94%。这反映了传统文化和民间习俗在非遗宣传中的重要地位，以及民众对于亲身体验和了解非遗文化的兴趣。

"本地定期的非遗展示活动"和"各类非遗保护成果展"也是参与者比较关注的宣传形式，占比分别为 32.62% 和 27.92%。这说明定期性和成果展示在非遗宣传中也有一定的吸引力和影响力。

二、访谈录

《柳林盘子》贾金平访谈录

访谈时间：2024 年 3 月 16 日星期六 8：20–11：20

被访谈人员：贾金平

访谈地点：吕梁市柳林县石家沟龙王庙

访谈问题：

个人经历：

1. 贾老师，您最初是如何接触到柳林盘子这项技艺（时间 / 地点 / 父母传承 / 从艺人手里学）的？是什么原因让您走上这条艺术之路？当初您的师傅是怎样教您的？

2. 您当时喜欢它吗？

3. 您是什么时候出师的？

4. 您是如何从民间艺人成为国家传承人的？（经历了怎样的困难，又是如何克服的呢？）

5. 贾老师，听说您受家庭环境影响，喜欢做木模、绘制图纸，您能给我们讲讲家人的情况吗？

6. 有了家庭环境的熏陶，您又是怎么学习盘子技艺的？有没有什么印象深刻的事情？

7. 在制作盘子的过程中，您有哪些体悟？

8. 您的祖辈中有没有人学习过这项技术？您的孩子有兴趣学习这项技术吗？

9. 您制作一个盘子需要多长时间？

10. 您最得意的盘子是哪个，能够让我们看一下吗？

历史起源：

1. 柳林盘子会是如何得名的？有什么文化含义吗？有没有相应的文字记载？

2. 柳林盘子会的习俗最早是在什么时候开始有的？起源时间、发展历程？

3. 柳林盘子的鼎盛时期，是怎样的发展状况？

4. 能否解释柳林盘子艺术为什么扎根在柳林城郊和穆村镇一带，并延续至今？其他地区为什么没有？

5. 盘子会进行多长时间呢？

6. 贾老师，你们是怎样组织盘子会的？能以穆村为例，讲一讲节庆期间一场完整的盘子会的经过吗？

7. 1995 年、1996 年、1998 年、2003 年举行了四次大型盘子会展，不同的盘子有什么区别？

8. 盘子会上摆放的供品有什么含义，现在的供品和之前的有什么区别吗？

9. 党家楼底新盘子、下南坪盘子、高家场盘子、龙王庙盘子、前家沟盘子这些盘子有什么不同？

传承发展：

1. 贾老师，请问这些年在盘子保护与传承过程中，您都做了什么？

2. 您为盘子发展做了这么多，让人钦佩！那您有没有遇到一些具体的问题？

3. 您成为非遗传承人后，政府有没有相应的资金支持，助力您完成传承事业呢？

4. 柳林盘子制作时绘画、雕刻工艺复杂，您传承的动力是什么？

5. 在柳林盘子的制作当中，有哪些独特的技艺？

6. 之前的盘子主题大都关于天官、送子、财神，近些年您加入了哪些新的主题？（您如何对盘子艺术进行创新？）

7. 您感觉咱们柳林盘子的发展有哪些需要改善的地方？（您有什么好的建议？）

8. 柳林盘子在保护传承方面的困难是什么？有没有青黄不接的感觉？

9. 贾老师，现在的年轻人有没有学习柳林盘子的意愿？您是如何培养他们的？

10. 老师，您有没有得意的徒弟呢？

11. 您收徒弟有什么要求吗？

12. 2008 年柳林盘子会被列入第二批国家级非物质文化遗产代表性名录，可以说对柳林盘子会是一个里程碑的意义，您觉得在柳林盘子会保护与传承上有哪些新进展？

13.贾老师，您有没有考虑过请人制作柳林盘子会的相关视频放到短视频播放平台上进行传播？

14.贾老师，您制作柳林盘子、组织柳林盘子活动这么多年了，对柳林盘子的传承有什么样的感触和想法？

15.您对柳林盘子的未来有什么样的期待和计划？

访谈内容：

自我介绍

刘：贾老师，您好，我是吕梁学院副教授刘玉秀，希望通过对您的访谈，了解一下柳林盘子的相关情况。您能简单自我介绍一下吗？

贾：上学前、启蒙期：

我是1958年生的。1966年，8岁时开始上小学。我们（上）小学时，只学两本书——语文、数学。

到初中后，开始学习数学、语文、历史、英语，一个礼拜上一节课。学习样板戏时，《红灯记》也好，《智取威虎山》也好，在班里面像唱戏似的，一个个站起来读几句。当时老师给我们开设了很多其他课程，学工、学农、学军等。学校会让我们学着打瓦窑，挖砖，学字；教育我们要革命；雇的木工师傅、泥子工师傅，还有学校雇的各种专业技能老师，一个礼拜有这么一节课，学习专业技能；再一方面，还要在农村里面认识不同种类的庄稼。

刘：现在的教育就应该回归这样，现在的孩子们在学校里面啥也不认识。

贾：当时在山上时，我们放了假会忙着帮大人们收秋，还去送粪，还去沙曲剪花椒、种地、给沙曲送粪、担上茅粪。有时学校还会专门放一周假，虽然也不是长时间这样。

学徒时期：

15岁初中毕业之后，第二年就开始念高中了。当时我常记得，学校让做作业，学籍名义上是在那，但是实际上在外面偷偷学。然后就开始跟上我们师傅，跟着看些书，看机器图纸。我就根据这些图纸画图，用三角板、量角器等工具作图，跟上人家的模型，学着做这些机器模型。

刘：你和师傅学艺期间有没有什么难忘的事情？有些什么？

贾：哎——难忘的事情呀，是家呀，当时我家有十几个孩子，也没有些财产，那个时候吧，大人有事情的话我就跟着做；没事的话，就是跟着瞎转悠。反正事情也不是说每天都有多么忙，没事情就在家里学着画。我们师傅弄的画图一类的。

再一方面，我父亲当时也是根据家里贴的那些画，有时间就学着画。当时开始画什么炭景画，画人像啥的。最后和我们师傅做的，也是到了后来，他就生病了。反正是要在机器上才能做那些，八字轮了，齿轮了，那些机床模型。再个特殊的事情就没有了。倒是每天都很平淡。

刘：意思是您一开始就是比较喜欢，没有说是不太喜欢，没有那种逼得让你学的感觉。

贾：没有，没有。我自己也在这个上面比较喜欢。当时在班里，同学们念书的上头，现在说起来，当时在学校就爱画。还有比如我们平时玩的时候，比谁手巧，斗狮子、做个家伙什儿什么的，我在这个上面能做成。

刘：也就是有遗传基因、天赋在里面？

贾：做了家伙什儿的话，后来做模型出来以后，我们师傅也有病了，做模型也不太能做成。当时我已经挣点钱了，我记得当时有认识的人让我做一下门窗。这门窗这是推了、锯了，做一下就行了，不需要抹光一类的步骤。然后我又找了个师傅，指点了一下，又开始，门窗、柜子这些。当时庙上的这些还没有做什么。我那时做这些，自己研究比其他人做的门窗上多加些花纹。后来慢慢地就比别人做得多了。直到我结了婚后，有一年修礼堂，那里招技工。当时在礼堂里边考试，考试之后，说我年龄小，最后是从技工到了铁厂。

刘：那您能回忆一下，那礼堂是啥时候修的吗？

贾：我记得那年，我是19岁。19岁到了铁厂，铁厂是那年后半年。铁厂做了2年，我们在铁厂当时还是建厂时去的，头一批去的。铁厂厂子建起以后，接近刚投产时，我们这技工，在这里建厂。当时中阳有个铁厂，我们就去中阳那儿学习去了。后来不知道为什么，铁厂倒闭，停工了，那我做什么呢？铁厂停工后就把我们临时借调出去。第一回是，借调到大兴农场站。在大兴农场站不满一年，在那农场站也是做那些柜子啥的。又回去没有几年，可能一年，又回了铁厂。可能是第二回了，铁厂纯粹说是要停了，不是借调了。然后就开始往出分了。当时，就属柳林煤矿最好。到了那以后上了几天班，一个是在窑里面，一个是在外面的楼里面。干那种，不愿意干的活，不然也就一直就留在那。最后就是，你去不去了，不去的话，就是合同制。这个指标也就是当时办合同的那种。最后也放到了新煤矿。在柳林待了一年、两年，然后去了兴无煤矿。到了兴无煤矿以后，那时候就是事业比较先进。我是1981年结的婚，结了婚以后，那里的工作的事情，也干不下了，那个时候的工作，大多也都是投入进去的，那个时候，也有人跟，大概是五六个徒弟。徒弟在外面也常年有事情做，做的工作也挺好的，能挣下钱就行了。然后就开始，或者在家里，或者在外面做事情。当时工作的事情也多，就买了一个电焊工具第一个开始培训，1986年的时候，很多人就开始，有那种电焊的工作找我。就开始弄那个盘子，做的第一个盘子是那种小的模型，带铁皮的，工艺比较简单。

刘：铁皮是在边边包着吗？

贾：是的。花纹一类的都在铁皮上。当时是个铁木结构。

刘：这会都是全木结构，是吗？

贾：是全木结构，然后就做起，然后当时抠的话，也没有多少，都是画的，图案也不多。当时的第一个盘子的图案，也就是画的花。明白人去了看看，当时问一个盘子多少钱，70多元呢。现在年龄大了，也就是顺便做，也不敢随便应承。画的半途中，怕把你们骗了，也不骗钱，骗钱干吗？从多会开始，我就有了做盘子的名声，1986年，头一个盘子做起来，第二年还是第三年，贺家坡要做一个盘子，就找我了。做这个盘子，没有用多少铁，都是木质的。当时就全都是木质的了。然后就又做了一个，然后就后面所有人都找我，觉得我做得还可以。1989年，做一个完全木质的盘子，当时的价钱是2000多块钱。那年，在柳林陆续做了3个盘子。

刘：我在网上查见的是，和我们学校图书馆的一样。

贾：小时候我父亲就开始让我学习。那个时候我父亲年龄也大了，当时我十几岁时，就跟上父亲干活，后来跟着任师学习。在我印象中他好像是汾阳人，任雨亭当时也吃洋烟，当时也是见了面就递一根洋烟，他就给画了。现在保存的他的画也没有了。一户人家弄起来新房子，他就帮忙弄窗帘，然后就上夜班。串那些窗帘的套版，我也答应下任师，帮着他弄。到后面自己在家也顺便弄抠的套版。然后就卖，但是不行，还卖不动，在我印象里面那个时候图画了什么的，都还行。那个时候在学校就喜欢画画，然后那时候画个什么也看着能画成。在这个方面我是比较擅长的。后面做盘子什么的，自己想的什么就画什么。然后就自己画，其他的方面也有做的。做盘子的当时，也去搭戏台，帮戏台搭盘子。戏台现在也有老人喜欢，柳林当时做盘子，后面当时改革了以后，根据三郎补的那个戏台来做的。

刘：三郎补是一个地方吗？

贾：三郎补当时是个庙，庙里面有个戏台。中间两面有个盘子，我就上去看了。然后就根据那个戏台来做的，参考原来盘子黑白的照片，做一会，想一会。有时候也向师傅们提问，一起讨论，当时做盘子的在柳林已经有很多了，有木头做的，还有焊的一些铁皮盘子，不如木头的盘子先进。当时三个人里面属我最小，另外两个人也八十几岁了，当时也经常和其中一个打交道。年轻人在盘子上，主要的特长就是，奇特的一些东西能自己画，做盘子就在这儿了。有时候是，他们能说成，做不成。画的一些手画，说成但做不成。

个人经历

刘：贾老师，您最初是如何接触到柳林盘子这项技艺（时间／地点／父母传承／艺人手里学）的？是什么原因让您走上这条艺术之路？当初您的师傅是怎样教您的？

贾：刚开始本身我初中毕业以后，在柳林开始跟上师傅学，那时候的盘子是简单的，有形的，古建筑的这些，师傅的年龄老一点。开始做这个的时候，是为了能有一技之长，成为艺人。因为我父亲也是个艺人，在家庭的影响下，就走上了这条路。柳林盘子老早以前就有了，1983年那会儿不能公开，就偷着做。从改革开放以后，群众和社区的人们在心里又感觉到有这个兴趣，就把原来很早以前的从记忆中，又慢慢地开始又做起来了。当时，开始做盘子的时候，不像现在这样的，看地形大小，三个了、四个了、五个了，那时候兴盛起来，炭从每家每户搬过来，这家背一点，那家背一点。还有这些贡品，这家背半斤面，那家背半斤面。面是半斤，炭是一点点，最后，一家交上个三毛钱、两毛钱。那个时候，还有跟半份钱的，收起这个钱是做什么的呢？就是用在贡品里，买上点核桃、花生。老早以前，不像现在一样，收钱都收一百、几百这么多，这种民间的乡俗一直就是这种，一直到现在。

刘：您说您的父亲也是做这个的？父亲很久以前是做什么的？

贾：雕刻的，很久以前做雕刻、套版、印版、修配的。雕刻的年画就是这种。

刘：那是不是你们祖祖辈辈都是做这个的？你爷爷是不是也是做这个的？

贾：我爷爷那时候不是。

刘：您父亲？

贾：我父亲那时候是擅长画的。

刘：您父亲是从哪里学的？

贾：我父亲那个时候，有个任师。

刘：具体叫个啥来？有印象吗？

贾：具体叫个什么，记不得了。就是任师，后来在离石，离石解放以后，在文化局这边，他主要是搞这些的。后面从柳林调到那里，画工笔画。任师原来也画盘子一类的。柳林街道，刚解放时，也是有盘子的，不是旧的这些，里头画成了些白毛女等事迹了。

刘：任师也在柳林文化局？

贾：那个时候还是个人化，那个时候还是没有成为集体的这种，估计还没有成立呢。我父亲活着的时候今年是个86岁了，估计这个人活着100岁了。

刘：您父亲就是靠这个画这些？

贾：是的。后来这个不行了，他又学习了修配、电焊，做个什么手艺人，把所有的手艺人全集中起来，一起干活。

刘：你们姊妹有几个？

贾：我们姊妹6个。我是老大。

刘：就靠这个养活？

贾：嗯嗯。

刘：那贾老师，能不能说一下，您一开始学这个，就是喜欢吗？当时您喜欢不喜欢？

贾：一开始挺喜欢的。

刘：反正是（受）家庭影响？本来也是自己喜欢？

贾：嗯嗯。我那个时代，学手艺可能比念书更有用。在当时基本上大部分人思想上都觉得念多少书没有特别重要，学校里的学生在毕业了以后，反正还是插了队。像我的话，初中毕业以后，考上了高中。但是这个时候虽然我在名义上念高中，但在外头实际上学了手艺了。我是在崖村，太原化工厂等地，开始学习做机器的这个模型，是自测模型，跟上与我父亲相识的师傅在太原，去学制图、绘图纸等。学了这个技术之后，出到外面去，名义上还念的高中。这个时候吧，你不念书的情况下，还会回来劳动，是个劳力。名义上还是念书，实际上学了手艺。

刘：那个师傅是不是就是你看到的贾玉金？

贾：是了，就是那个贾玉金。

刘：能不能把那个贾玉金简单介绍一下？

贾：贾玉金中专毕业，本来是个技工，来自柳林穆村安沟。后来他考上学校，念书念得出去以后，到太原技工，晓得化工厂，到了化工厂以后，专门就是做这种模型。齿轮、八字轮、机器这些。到了化工厂，那是1962年，1962年国家在这方面的环境不太好，他就到了贺昌。回来以后，说是艺人，我们相处得还比较可以。最后就住到我们的旧院里，之后他就成了我的第一个师傅。

这是第一个师傅，我还有一个师傅，叫党完完，这个师傅他是会做一点模型，比较会做庙上的东西。他们对我做盘子也有一定影响。（之前的师傅）对榫卯结构也是不怎么清楚。这个师傅吧，对这个榫卯结构很清楚。这是我的两个师傅。

刘：我看您的师傅还写着刘佩章，绘画，你把刘佩章给我介绍一下。

贾：当时刘佩章的年纪也比较大，如果刘佩章今年活着，也有100岁了。他是个老艺人，在旧街上居住，刘佩章那个时候画这个庙上的章，他也是工笔画的这个画法。开始，人家也是走船，这不是集体归了以后，刘佩章也归了厂子，后来又归了建筑公司。开始他画油布、画水银的玻璃画吧，毕竟他是个老艺人。很早以前，刘佩章也是在庙宇上画盘子的，最后我是常到那里去，他看我各方面都不错，就把这个也教给了我。他教给我后，本身我父亲也是一个画工，在父亲的指点下，我回去家里把简单的也画了。

刘：活着也有 100 多岁了。

贾：本身那个时候他也有 80 岁左右了。他比我爷爷年岁小一点。

刘：您最初接受盘子这个技艺就是在柳林，是吧？

贾：对对对，这个盘子，就是柳林有这个盘子。

刘：那您是小时候就见过这种，是吧？

贾：见过，很早以前，在我小的时候，我父亲带上我见过。我父亲喜欢，我父亲带上我在那个盘子里面我还照了个相。在我的记忆中，我小时候有一个印象，对这个盘子，我记得我那个时候，小时候，有跟原来那个盘子的照相。在开始的时候吧，像这种柳林的盘子就是随便，跟几家吧，拉几根杆子，随便开始搭起来。搭到最后，那个时候木料也是铁木结构，开始做上一个木盘子。

刘：靠做盘子能养活了家里人吗？

贾：反正后来吧，靠盘子也不行，有盘子就做盘子。没盘子外面其他的活也做，比如这龙王庙、钟楼山等这些地方。

刘：您也承揽古建筑这些吗？

贾：嗯。不是光盘子，光盘子也不行。因为毕竟这个民间吧，有一年的有，有一年的没有。

刘：这个盘子不是每年都有吗？

贾：每年元宵节都有。

刘：就是有时候人家好着呢，不用您修，是吧？

贾：不用你修，现在柳林做起很多盘子。现在吧，要有个吧，就是那种新修的小区里他们有这个新人吧，也要这个。

刘：在您学习盘子这个技艺的过程中，您比较印象深刻的事情是什么？

贾：印象深刻的，像那个时候吧，我们一贯就是想把这个手艺做好。就是那个思维、脑筋，比如说我那个图纸什么的，以前就学过。主要是看那个庙宇比较多，庙宇上的各种的精华集中起来，所以能把这个盘子尽量做好。当时吉祥图案的改编，不是根据外人的做的。这一方面，在做成一层以后，做成两层、三层，做个圆的。南天门做的是12个角的，就是按十二肖俗的那个，你像这个，就是武曲盘，天圆地方，底面是12个角角。

刘：都是您自己学习过程中自己构思，自己想出来，自己把自己的弄进去。那您是如何从民间艺人成为国家传承人的？中间经历了怎样的困难，或者是如何克服困难呢？

贾：困难是学的时候有一点点。如果你有一点榫卯结构的基础，自己也能做，并且有的些人自己做不下来；比如像老王师们，人家要求什么找上你，给个样子你得会画。像我吧，自己谋个什么，就能画成什么。心里怎么想，就做成怎么样。

刘：制作这样一个盘子大约需要多长时间？

贾：这个看人，看条件。比如这个小区有钱，条件好，咱们就能做成个几层，或者工艺多一点。如果小区条件不好，咱就做简单一点，省点工。

历史起源

刘：柳林盘子是如何得名的？这些有没有文字记载？

贾：呀，也没什么的记载。大概是古代"祭盘"仪式的一种传承，人们集中的这个地方，求天气怎么样，收成怎么样，活动时间在每年的农历正月十三至二十六，元宵节达到高潮，又叫个"天官会会"。叫"盘"是因为这个盘子不是个死的。比如说今年在这儿搭架，明年在那搭架，人们都喜欢在自己周围红火一下，主人家是循环着来，不可能你住那个地方，盘子年年在那个地方搭着，能拆，能移动，是个活的。柳林人原来口头上是"活盘子"，后来慢慢地也把这个也叫成盘子。除去这个还有盘子和"盼子"是谐音，人们都希望多子多孙。

刘：这个盘子的习俗，最早是在什么时候开始的，这个您知道吗？

贾：我估计是在明、清初的时候。因为从柳林到穆村这个地方，是从商人、生意人开商业街开始的，后来才发展到这个农村。盘子实际上也是属于古建筑的一种，也就是明朝建筑。

刘：您这个盘子就柳林这块有？您说我也在柳林，我们那面就没有个？

贾：就是柳林有了，柳林穆村。

刘：为什么就这块有？因为这块经济发达？

贾：估计就是这块经济发达。这块也是个码头，也是个商业、各方面做生意什么了。

刘：柳林在鼎盛时期是个什么情况，什么时候发展是最鼎盛的？

贾：2001 年达到鼎盛。在原来的鼎盛时期，估计也就是清朝时候吧。最后一直到解放以后吧，搭了几年盘子，旧的那种。是旧的比较受欢迎，比较流行，并不是旧的东西。

刘：贾老师，您是怎么组织一个这样完整的盘子会的？

贾：这个盘子会要有主人家。选主人家，大家还要看这个条件够不够，意思说你这个人社会关系比较好，生活也比较好啊，家庭各方面在做什么，才认了他。如果你是个穷的，还是做什么的，还不依你了。意思是你在里面号召力不行，还把这个事情弄下的钱，也装自己的肚肚里。开始吧，先当纠手，给你锻炼锻炼，过几年比较有一点经验了，这个人各方面都比较可以了，慢慢地你才能当个主人家。这个不是说谁想当，谁就能当上，还要经过各方面的人们的公认以后。

刘：当这个挣钱吗？

贾：不挣钱。

刘：这个是自愿的？

贾：这个是自愿的。自愿地说，我今年当个纠首，明年不让当心里还不高兴了。盼子观念在人们这个脑海里种得很深，有的结过婚的，生不下的，生了女的，没有生男孩的，就想偷个枣棍棍，在这个上，他就比较关注。

刘：盘子里摆的贡品，代表什么意义了？

贾：这个枣山，是民俗的。也可能是在那个时候吧，咱柳林估计这一带，大部分地方都有那个红枣，这个枣放在里面，是红火的意思，所以叫枣山。还有枣洞洞，主要是方的那个盖，枣洞洞实际有两种。一个里面有两个枣洞洞，左面的那个枣洞洞，捏的那个盖全是尖的，底面的那个，捏起个尖尖来，都是左面的。四个片片拼起来以后，这个叫盖盖。这个里面放的，就是枣、核桃、瓜子、柿饼子，放这个里面，意思是早生贵子。左面的这个代表的是阳，是男孩。右面的那个捏的是个圆的，盖盖也全是圆的，不是尖形的，这个圆形代表的是女孩，代表阴阳平衡。如果你不生养的话就把这个盖盖揭开以后拿回家去就可以生养了。还有就是，生下的孩子在以前的时候医疗不发达，一般的病情比较大的时候，有那个大贡，就是圆的，中间有个枣，头上有一个大棍，把那个大棍吃了，孩子的病就好了。剩下的基本都是贡品：桃、石榴、福寿，桃代表长寿，石榴代表多子多孙，福寿代表吉祥。家里还有那些枣山山，代表着咱们自己的心意，这些他就会放在家里的某个地方，这样放着，代表着家里的生活、吃喝比较好。

刘：这时候的贡品和以前的贡品一不一样？

贾：贡品一样，因为现在盘子大了，所以贡品也会多一点。在后面小盘子上就会蒸得比较多一点，因为现在就是矿上的人多，盘子上面的吃的人家比较喜欢吃，这家一块那家一块，分着吃。

刘：这个贡品以前和现在一样吗？因为现在盘子上的各种食物都有，所以不能作为供品。

贾：那得看怎么说，原来的话就没有那个棍子，咱们当地的原来有那种核桃、桂圆、火龙果。那些核桃、桂圆、火龙果像以前肯定没有，现在有了的话也可以供。

刘：以前的盘子和现在的盘子有什么不同呢？

贾：原来的盘子大部分都是三个口口，单层的，顶子上画着福禄寿三星、二十四孝，里面供着八仙，张仙仙等，盘子上画的都是教育人的这种。后来盘子大了，口口多了，供的也多了，有财神、文昌、魁星、孔子、观音、白毛女等。

刘：张仙仙？

贾：就是过年家里贴的张仙仙，也是人们经常说的下凡来保佑子孙的吉祥神。画这个就是人拿着弓，在空中有一只狗。他用弓驱逐天狗，保护孩子不被狗吃。

刘：白毛女这些多会有的？

贾：后来在盘子上画这个白毛女，画历史上这些……我记得我家里还有这种，过年时候买灶王爷的那个挂画，看的还有画的那个解放军的。

刘：我记得当时我们家火灶附近也贴着这些。

贾：有一段时间有这些……

刘：现在画的这些涉及现代柳林的文化吗？

贾：没有的，现在完全是传统的这些。

刘：还有党家楼底新盘子、下南坪盘子、高家场盘子、龙王庙、前家沟这些盘子，这些盘子有啥不同呢？

贾：大体是都一样的，无非是外饰不一样，或者是做法、工艺上有点不一样，其他的这些都一样。今年我还看了几个盘子，你像下边那个农行背后、府西街那儿还有汇丰的盘子，这些盘子做得可以，有的还是脱离了柳林的传统这个。去年还有这几年也有脱的。我常说，这个脱离一看就看出来，像人一样，但一看就是两个概念，模样、穿戴、身材、长相各方面都不一样，盘子也是这样。实际做这个盘子吧，咱们要做出地方特色来，地方特色做得越浓，表现得越好，是这么个事。

刘：上边那些画的意思是不是咱柳林人画的？

贾：有的些不是按老传统画的，画成了其他的了。

刘：那其他的画的是些啥？

贾：其他的画的是各种的庙上的这些吧。比干，《封神演义》中的角色、关公、文财神、武财神这些。

刘：那咱们传统的画些啥来呢？

贾：传统的中间那个天地三界之神外，两边都是八仙，前边是张仙仙，一个是麒麟送子，下边正面是三娘教子，中间画的圆的是福禄寿三星，这一堆画的是二十四孝。两边画的那两个，一个是日游神，另一个拿个钵，老传统特色格局应该是这个格局，并不是说拿其他的乱七八糟的那些。它主要是画的吉祥的那些，你像那个前家沟当时内容画的就不合适。当时还画的那个申公豹，申公豹把头割下来了，头割下以后，让别人把头顶走了。人们就开始议论，为了个生孩子，养下个孩子，五鬼把那个孩子的头抓上走了。这边画着纣王和妲己，怂捣蛋，剖腹开看男孩女孩。

有的是把孩子的肚子剖开，把那个头，把头直接提走了，不吉祥。人们看到这就赶紧把那个盘子重画重改。咱是十五的时候，供奉的是有关十五的这种。其他的时候，咱们本身专门的这种格局也要有。这个盘子面面多的情况也可以多供奉几个。三个口口的情况下，不能把主神丢了。

刘：这个盘子现在做的是三层的吗？

贾：是的，三层。

刘：画的这个是这个位置，要求是谁在上，谁在下？有没有这个要求？

贾：一般都在下边画着，上边一般就是画天圆地方，画的一般是空洞的这种东西。从无到有，从有到无，就是各方面的这种东西。内容含金量较大。

刘：这些年，在盘子的保护和传承中您做了什么？

贾：一个就是传承人，继承自己的这个，尽量就是完全地把这个传承下来，要把这个文化传承下去。不能把这个文化丢了。

刘：您家孩子有没有学习这方面的呢？

贾：两个孩子都在读书，后来也就没有学习了。徒弟不少，只做这个一般也养活不了家里。各行各业的，一般有盘子就做盘子，没有就做其他的，做这做那，为了养家赚钱。

刘：您一辈子就是在做盘子？

贾：是的，一辈子都在做盘子。

刘：以前在铁厂上班，有没有断过这个做盘子？

贾：我在铁厂上班时盘子还没兴盛起来，1979年还是1980年的时候。

刘：你20岁的时候就上班了？17岁上的？

贾：我15岁就开始学了。

刘：您本身就是柳林贺昌的吗？

贾：本身就是，一直是柳林贺昌的。

刘：15岁是？

贾：15岁就初中毕业了，师傅在柳林，2002年就回来，在柳林，那个时候还没接触上盘子，后来又跟上另一个师傅开始做这些，简单做一点门锁、家具那些。

后来又根据招工，去了铁厂学技术。

刘：刚建起怎么就停了？以前就在铁厂？

贾：新建的厂，因为赶上企业改革，生产的铁厂转成县办，弄到煤矿上了，自己年轻，受不了苦，也就一直没去，慢慢出来也就开始耍手艺了。慢慢盘子也就有了。给陕西省吴堡县做些东西。

刘：那后期也就是靠您自己做，是吧？

贾：后来家里人谈论起，家里老姨也都是弄的盘子的这种。有时候做这些也可以给指点指点。开始的时候也有耐心，做盘子人家不信任你，自己慢慢做得做得人家也慢慢信任你了，那个时候二三十岁也年轻，有师傅，慢慢来。做了几个月，后来开始就学上了。

刘：那您从什么时候开始独立做盘子？

贾：九几年的时候。

刘：我看到有的人只会做，有的人只会画，唯独您是既会做又会画。

贾：王兴地是木工，白有厚又不行，他只能画。

刘：关于盘子的主题有天官、送子、财神，近年来有没有新的主题？

贾：原来的盘子没财神，就是我刚说的。后来的盘子上又加了，以前是一个面，现在成了四个面。一面有了仓官，仓官是管粮仓的。民间供奉的仓神主要是韩信，他是西汉开国名将，因其曾担任仓官并以"明修栈道，暗度陈仓"的智谋著称，被民间尊为粮仓的守护神。

一面画的是仓官，一面是天官，一面是观音，一面是孔子。孔子两面，一面是文昌，一面是魁星；观音那面，一面是文殊，一面是普贤；天官这边，还是一面是张仙仙，一面是麒麟送子；仓官这边，一边是财神，一边是月老。孔子、魁星、文昌是保佑考试，观音是平平安安，仓官是丰衣足食，月老是求姻缘生孩子，基本上都有了，程序就完善了。

刘：您觉得柳林盘子有哪些需要改善的地方？

贾：从工艺上、从木料上，因为不好的木材做得不如好点的木料，盘子的传统风格、地方特色不能改，只能说从工艺艺术方面整改。

刘：做这个盘子对木头有哪些选择要求？

贾：松木要选好的松木，像红松，而樟子松、落叶松还是不行。咱们现在做盘子的木料不好选，木头的质量不行。以后做事宴的时候，有条件的话还是选用南方的木料，不易变形，比方雕刻选用板木、柳木，柱子用的是柱子的木料。松木用红松，好看的松，又不能太重。啥木料都行，不变形就行，不然今年用完，明年拿出来就变形了。

传承发展

刘：盘子在保护传承方面有啥困难？

贾：盘子只在柳林县城范围内。柳林做盘子的也不少。雕刻像盘子一样也能代替，主要的一个就是不和其他的产品一样，人们觉得这个赚不了钱。现在年轻人愿意学盘子的很少。学校也让进校宣传，但宣传也只是说两句。假如现在柳林县设个单位，发工资学这个估计还行。没有生活保障，养家糊口困难。

刘：这个和陕西做皮影的，可以做个工厂，咱们这个可以做个模具吗？

贾：上边的领导说是传承，到了县里也不太重视。国家应该补贴一下，年轻人们就可以多一点。

刘：可以做个礼品之类的吗？

贾：以前讨论过这个，这个有时候看怎么理解。但是很多人说，这个不能送人，这是供奉的。

刘：您成为非遗传承人后，国家会给您补贴么？

贾：有补贴。每年补贴2万块钱，属于传承费，不算补贴的生活费。每年这2万块钱还要签合同，生活上没有补贴。一些材料，就需要用自己的钱买，买了做下来用这些东西传承下去。

刘：有没有外面的人找您学习？

贾：哎呀，没有。第一个是没市场，再者就是现在科技发展迅速，人们能用电脑做模型打印下来。

刘：这都是模型吗？

贾：这全是模型。这种模型吧，它得在电脑上弄，你像我吧，在电脑上咱又不行了，像这些，传承的都是年轻人，还有一个本科生了，弄起来努力往出宣传，还有各种各样的盘子，传承下去了。也是为了节省人工，机子上激光，其他地方打（印）出来的。

刘：**就是您弄下这些图纸，让他们给您弄成立体的？**

贾：对。弄下这些以后，就传承下去了。传承也得紧跟时代，笨的你再传承的话，没人要你这些。好几层的盘子，能买下来大几十万。

刘：**一个盘子下来就得几十万吗？**

贾：嗯，对，几十万了。平面盘子也得 16 万块钱，做立体的 20 来万块钱。

刘：**那您有多少徒弟了？**

贾：徒弟现在最年轻的是有两个。

刘：**最年轻的徒弟有多大？**

贾：35 岁了。

刘：**那年龄大的呢？**

贾：年龄大的就是有 60 岁了。

刘：**您也六十几，徒弟也六十几。**

贾：我 67 岁啦，徒弟还有四十几、五十几的。

刘：**那你一共教了多少个徒弟？四五十个？**

贾：二十几个。如果不好好弄，这个东西，慢慢地就没了。徒弟们大多年龄已经大了，最后就看这两个年轻的，现也有三十几岁的了。这两个年轻的做这个也是有心的。但是实际动手做又不行，这个功夫必定有时间才能把这个练上去，这不是看一下就能会的。这个要有基本功。比如说锯些啥呀，推些啥呀，或者是拿起笔，让他们画些啥呀，这些孩子们，不就是说他行。

刘：**咱这柳林盘子，是不是国家第二批非物质文化遗产？**

贾：是了。

刘：**对于保护传承有什么建议没有？**

贾：保护这方面，也没啥。主要是传承。传承这方面，我觉得主要是以政府为主。正常就是这样传承下去，是产生不了经济效益的，产生不了经济效益人们就肯定传承不好，因为经济还是很重要的。

刘：是了嘛，最先要保证人的生活了呀。

贾：经济落后就没有这些东西了，弄不了税。这种年轻人们一般也就不感兴趣。

刘：您在就是这个柳林盘子上，就是这个短视频播放平台上也有播放吗？

贾：我一般不播放。我在这个上咱毕竟年龄也是大了，对这种（事物）不是很熟（悉），在这方面有时候也是害怕弄出笑话了。抖音、快手上有时候放一些。

刘：放得具体是怎样的？

贾：就把这盘子卸下来、搭盘子的这些，大概让人们知道一下。但是开直播什么的，咱弄不了这些。

刘：徒弟现在就是在电脑上打出来？还是什么了？三十几岁的徒弟。

贾：现在这个徒弟，就是做这些小的，以雕刻为主，主要是各方面的雕刻，一个是以雕刻为主，另一个是还有工作呢，在工地上施工呢，学校上出来以后，学的这些施工。过来了学的这种，这是他的一种爱好。在我这，又挣不了钱。人家也全都结过婚了。

刘：那徒弟叫什么名字？也是咱柳林的？

贾：一个是柳林的，一个是留誉的。一个是叫个什么庞啥来着，一个叫个高志林。那个庞啥来着，我是叫他耀耀。

刘：还有一个问题，您对柳林盘子的未来有什么期待或者计划？

贾：哎——计划是这，主要就是看国家的支持，一年给上2万块钱，不能算是传承费，因为如果真要传承的话不是2万块钱就能传承下去的，实际上也就只能宣传一下。问题主要是这个盘子，国家重视这个，国家重视了以后，就慢慢会好起来了。国家、县里等能弄出什么名堂的话，人们谁来了，也可能传承一下。你如今什么也没弄成，弄不成，人家谁来管这？

再一方面，你说的就是，县里对这方面原先不懂。实际上县上也没有真正把这个事情特别地重视起来，只不过是国家现在每年都给传承费。咱也不是要多少，县上给的钱也不少，专门活动有盘子给的钱也不少。可是具体上如今做什么宣传盘子的活动，县里这批资金批下来了，可是成效不太好。每年的这些活动下来，12:00通知，4:00就要成品了。不得办也得办，催的时间十分紧张。而且有时候他们改得咱也看不懂，也不清楚。我发现如今就他们也总是换人，有的工作也总是不熟，尤其是年轻人，没熟练，也就上手了。

刘：您到现在做了多少个盘子了？

贾：我（觉得）可能是三十几个。

刘：那真正做一个盘子是不是得1年？

贾：不一定。

刘：那是不是费劲了？

贾：费劲，一个是费劲了，再一个就是你做开这些的话，有的不是一个人做的，还要把传承的徒弟们叫回来。

刘：您现在是自己做吗？从胚子开始到完成全都是自己独立完成吗？还是叫徒弟一起？

贾：有些事情，太多了，一个人做不完。小的是一个人做，大的这些，有时候是一个人，但再一方面，你画了啥的，做就之后要彩绘，彩绘还要重新找人。一个大盘子，十几方木头，要的人还不少，得六七个找了。在我们那儿，我就把他们全都叫回来，在我的指点下，应该怎么做，就怎么做。不是我，做不成；只我一个也不行。

刘：您跟那个贾玉金跟了多少年？

贾：跟了3年。

刘：跟那个刘佩章跟了多少年？

贾：刘佩章，不是一直跟着干活，有时候常在他那，有什么活也帮他干。当时年龄也就是个七十几。

刘：七十几的时候您和他是亦师亦友吧？

贾：是的，因为他也是七十多了，看我有天赋，他也快去世了，想传下去。平时也不揽着做活，不能行得了，去做一下。柳林街道上面，刘佩章画的盘子也就是三四个吧。

刘：中间还有个党完完？跟了多长时间？

贾：这个有年份了。不到一年。

刘：是在他之后跟的贾玉金吗？

贾：是的。

刘：这三个师傅里面，是贾玉金对您影响最大吗？

贾：我跟着他学习以后，就过个门，基本功一类的就是看一眼就会了。大概了解一下人家里面的东西，就入了人家的门了。

刘：规模最大的盘子是什么时候做的？

贾：市场上规模最大的盘子是 2003 年做的。

刘：多大？

贾：高是 8 米多，宽也是 8 米出头。

刘：一般盘子是不是方形的？

贾：不是，像原来的大小不是方形的，就比如你看着这个宽高，看着显高一点。其实挑出来的一些角也差不多。这个盘子是 18 米的，从这儿开始就做大盘子，这是最大的盘子。

刘：2003 年开始做最大的盘子。

贾：再后来，比这个还要大一点，就是锄沟的盘子。在 1995 年还是 1996 年的时候，锄沟做了一个二层的盘子，这个也算大一点的盘子。其他的盘子也就是一般的盘子，做得也多。基本上年年都有。一年不是一个就是两个。

刘：最高的盘子有几层？

贾：最高的 3 层。8 米多就是最高的。二〇二几年贺家坡的盘子，那个盘子有两层，也大，里面有个楼梯，还能进去人。

刘：承重各方面都挺厉害的，是吧？

贾：2013 年还是 2014 年来，那个盘子有十多年了。

刘：孩子们不喜欢盘子吗？

贾：孩子们现在也开始念书了，孩子们大学念的也是美术，人家不太接受。

刘：您儿子也是画画的？

贾：大儿子大学也是学的美术，最后人家嫌挣钱少呢，从国家的这个角度上来说，现在也挣不下钱了。儿子在这方面不感兴趣。

刘：那他现在干啥？

贾：现在他也就是瞎做了，都做。

刘：没有传承您的手艺，应该传下来。

贾：念书念出来以后，当时有个工作人家也不要。对这个方面人家就不喜欢，不感兴趣。后面慢慢地，慢慢地也有了一点兴趣。但各方面的生活、经济也欠谈。理解得也不是很好，有做得动了，就帮忙做了，脑子里面有印象，没有功底。

刘：功夫上来才好。

贾：现在也是画了什么的也行了。他也没有功底。怎么结构了什么的，他也不懂。

刘：您第二个师傅是姓党的那个，您跟他的时候多大？

贾：他跟我父亲年龄差不多，活着的话，有个八十四五岁吧。

刘：听了半天，看这个传承方面也是很难传承吧？

贾：这个和其他的传承不一样，特别是它不像剪纸一样受众多，不好推销，你说这个怎么产生经济效益？只能传承没有经济效益。平时也不要这个，也就是元宵节闹红火了嘛！其他的地方也用不着，也不兴用盘子。只能柳林有，柳林也是穆村下面那些地方有了。

刘：山上的那些地方也没有了？

贾：没有。南山上就有了。近的地方有了，远的地方没有。三交那些地方慢慢地才开始有了。一个人也要接受这个东西。相比之下，特别是农村人。农村人都跑到城市里去了。有的些农村人，平时做其他的，农村里也没有人。农村以前有天官庙，然后进去祭拜一下。你没有经济效应，纯粹没有经济效应，就不好往下传承。传承文化好传承，手艺要往下传承，没有个三四年，就不好往下传承。现在花上三四年跟你学下手艺，出去没有经济效益。原来的传统，打火花、石匠这些都淘汰了，传统手艺都传承不下去。你像这个传统文化，弹唱的这种，还挣两个钱了，这个不行，这个盘子只能在柳林正月十五用。

刘：平时也没有这个。

贾：是了。这个东西只能传承文化，也不好传。

刘：**现在的盘子会上有扭秧歌、弹唱什么的吗？**

贾：有了，现在盘子上也有扭秧歌、弹唱。看盘子上面有没有收入，现在弹唱需要钱，没有收入的话就不会弹唱。就是几个人点一下香，转转。再不行就是简单一点，叫上一个媒人说一下书。也是一样的，再不行就是组织上几个人扭秧歌。至少扭一下也行。你像十八米街，扭一下组织一下，转一下九曲，挣可多钱了。有收入，还有唱戏的。

刘：**搭起这个盘子再唱戏？**

贾：嗯嗯。有唱戏的了。人们就是围着这个盘子唱戏、扭秧歌。

刘：**这个钱是和人们收的吗？**

贾：有的地方是收了。一个是收钱，300（元）的、500（元）的、有钱的就是1000（元）。盘子动了，就是重新弄一下。主要是人家面子大了，起那个份子钱。每家是100块钱，一家一百，跟份子。

刘：**比如在十八米街住的人就跟份子。**

贾：嗯，就是盘子上的份子。就比如龙王庙的这一块，小区里面的这一块，就每年跟份子，跟100块钱。钱短了，份子钱就少了。光街道就有好多个盘子，就是这个范围内的人收点钱，然后收起来的钱弄个贡品什么的，比如红火什么的，有钱才能弄。遇上主人家有钱了，贴钱也行。遇上主人家不行的话，就贴不上钱。在原来的基础上，他们弄这个盘子，开始的时候，起面。然后就是弄那个膏汤菜。起面，起上半斤了一斤了，弄那个贡品，贡品是自己家蒸了。柳林的那个巧云，就是蒸这些的，老人们也知道这些怎么蒸，都是自家蒸。

刘：**这会人们是不是不太会。**

贾：原来有结伴串盘子的，十五串盘子。看这个盘子做得好，主要看那些份子好，年兽好。谁家跟前有那个巧云了，人家蒸得好，她的手艺。现在总的来说，人们都是买了。现在真的和原来的工艺差得多了，现在买的根本不行。

刘：**现在有卖馒头的，他们就会吗？**

贾：现在卖馒头的，蒸得不好，也是蒸了。一份多少钱多少钱。蒸的那些，像那么一回事就对了。不等于原始工艺，代表那个象征性就行了。

刘：这是现在发生的变化。

贾：对，和原来的贡品不一样了。

刘：人们的意识淡薄了。

贾：原来人们还做猪蹄，还做花花。原来都是手工制作，看着很有味，现在那些东西都是买的，买的那些东西拿回来就不如自己做的有氛围。馍花上面都是枣洞那个，枣洞上面一个铁丝。原来是馍上面撇下来的东西，当地取材，现在都是铁丝一类的。剪的东西都是那种卖的，像以前，自己做的那个，剪成一个方疙瘩，一起一揉。

刘：从你这个方向来说，现在的手艺人没有以前那么敬畏。有个样子就行了吧？没有那么虔诚之心。

贾：嗯嗯。原来的盘子、火炉子什么的，人们都有那种积极性，对这个很信仰，很尊敬。原来的人的思想就是，只能给盘子上贴金钱，不能动盘子的一分钱。这个就是说你偷灯笼吧，明年就要还两个。

刘：现在还有人偷吗？

贾：有人偷，偷的还有不少。一到了正月十四晚上，放炮的、点香的，点得香火特别旺。这个数还是有了。就是现在的人们对这个也是比较信的，搭起来了就信了，但也不是那种很积极的。年轻人有时候晓不得这种习俗，就坏了规矩了。

刘：总的来说这个要往下传承还是很难的。

贾：嗯，不好传承，虽然年轻人里面做这个盘子的也有。很多人凑起来的话，三个臭皮匠，顶个诸葛亮，凑起来了也行了。哪里有人要盘子了，凑起来了也有人做了，刚才也说了，这种照猫画虎做起来的盘子也是变了味了。

刘：就是咱很久以前的盘子上面就是装饰，都是用手工非常虔诚地做。

贾：全是手工。

刘：现在就是买了。

贾：现在有时候有电脑了，有雕刻机电脑，反正做盘子的，要做这个也是雕刻下来一样。因为电脑上吧就是有软件，电脑上软件加工吧其他的都能弄，只要电脑能做来就电脑做。也是抠了，抠了用不了一天就抠下来了。

　　刘：抠这个可费劲得多了。

　　贾：嗯，手工弄的。手工和机器就是不一样。

　　刘：这个画的是什么。

　　贾：这是个相属，鸡、狗等，是十二生肖。机器刻的是死的，刻十个也是这样。
手工的吧，想画个啥刻啥。

参考文献

一、学术著作

1. 郭丕汉、姜玉生：《临县民俗文化》，山西人民出版社，2013。

2. 刘晓弘：《临县大唢呐》，北岳文艺出版社，2012。

3. 王文章：《非物质文化遗产概论》，文化艺术出版社，2006。

4. 王文章：《非物质文化遗产保护研究》，文化艺术出版社，2013。

5. 苑利、顾军：《非物质文化遗产学》，高等教育出版社，2009。

6. 王洪廷：《临县乡土文化》，山西人民出版社，2009。

7. 刘承华：《守承文化之脉：非物质文化遗产保护特殊性研究》，南京大学出版社，2015。

8. 刘润民：《山西省非物质文化遗产代表性项目名录》，文化艺术出版社，2017。

9. 叶春生：《中国非物质文化遗产》，中山大学出版社，2005。

10. 乌丙安：《非物质文化遗产保护理论与方法》，文化艺术出版社，2010。

11. 刘锡诚：《非物质文化遗产：理论与实践》，学苑出版社，2009。

12. [美]詹姆斯·罗尔：《媒介、传播、文化——一个全球性的途径》，董洪川译，商务印书馆，2005。

13. 赵世瑜：《狂欢与日常——明清以来的庙会与民间社会》，生活·读书·新知三联书店，2002。

14. 高丙中：《民俗文化与民俗生活》，中国社会科学出版社，1995。

15. 刘岗：《柳林盘子》，中国文联出版社，2010。

16. 曹大斌：《柳林县建县创业回顾》，山西人民出版社，2006。

17. 吕改莲、张敬平：《三晋史话·吕梁卷》，三晋出版社，2016。

18. 孙欣：《民间木偶》，江西美术出版社，2006。

19. 魏力群：《中国皮影艺术史》，文物出版社，2007。

20. 廖奔、刘彦君：《中国戏曲发展史》，山西人民出版社，2000。

21. 李红梅：《中国·中阳剪纸：首批国家级非物质文化遗产保护名录》，山西人民出版社，2012。

22. 乔晓峰：《中阳剪纸初级教程》，山西人民出版社，2014。

23. 朱锦平：《爱我吕梁》，山西人民出版社，2006。

24. 陈竟：《中国民间剪纸研究》，中国轻工业出版社，2007。

25. 杜旭华：《吕梁市非物质文化遗产荟萃》，山西人民出版社，2010。

二、期刊论文

1. 高玮：《"柳林盘子会"传承与创新路径探究》，《文化创新比较研究》，2022 年第 33 期。

2. 郭锐：《"柳林盘子会"的生存现状与可持续发展路径研究》，《吕梁学院学报》，2023 年第 4 期。

3. 刘锡诚：《传承与传承人论》，《河南教育学院学报（哲学社会科学版）》，2006 年第 5 期。

4. 王义华：《飞火流星韩国行——山西孝义皮影木偶艺术团赴韩国演出》，《今日山西》，2002 年第 4 期。

5. 曹福臣：《汾酒不同称谓的起源考证》，《晋阳学刊》，2024 年第 2 期。

6. 钱景琳：《汾酒酿制技艺非遗保护的经济和社会效益》，《经济师》，2022 年第 6 期。

7. 闫慧芳：《交城滩羊皮鞣制工艺的调查》，《寻根》，2021 年第 3 期。

8. 白占全：《晋西柳林"盘子"庙会》，《史志学刊》，1993 年第 3 期。

9. 王子文：《临县大唢呐》，《地方文化研究》，2022 年第 6 期。

10. 成书荣：《临县大唢呐的现状与保护》，《佳木斯职业学院学报》，2016 年第 9 期。

11. 杜蓉：《临县道情的传承发展状况与对策研究》，《戏友》，2023 年第 1 期。

12. 高鹤：《临县道情现状调查及发展初见》，《太原学院学报（社会科学版）》，2010 年第 3 期。

13. 申邱雨：《柳林盘子会的传承现状及对策》，《文化学刊》，2023 年第 6 期。

14. 赵黛明：《吕梁山上的百灵鸟——访碗碗腔著名演员张建琴》，《中国戏剧》，1999 年第 3 期。

15. 马军：《吕梁山上一枝花——临县道情》，《太原学院学报（社会科学版）》，2014 年第 S1 期。

16. 袁生：《民间仪式音乐文水鈲子》，《地方文化研究》，2016 年第 6 期。

17. 施国祥、武一生、刘茂生：《民间艺术瑰宝——中阳民俗剪纸与"剪纸状元"李爱萍》，《文史月刊》，1998 年第 6 期。

18. 孙志岗：《民俗学视野下文水鈲子的嬗变论析》，《晋中学院学报》，2018 年第 4 期。

19. 张舒婷：《浅论中阳剪纸及其艺术特色》，《西部皮革》，2020 年第 14 期。

20. 刘竞婷：《浅谈孝义碗碗腔皮影戏发展现状和存在问题》，《戏剧之家》，2022 年第 14 期。

21. 于小军：《山西古戏台　孝义市申福村老爷庙皮影木偶两用戏台》，《戏友》，2021 年第 4 期。

22. 曹志芳：《山西临县道情剧本中的艺术特色》，《长治学院学报》，2023 年第 1 期。

23. 王娟：《山西柳林盘子会：仪式、象征的秩序与传播》，《新闻传播》，2018 年第 10 期。

24. 刘健国：《山西柳林盘子会——独具黄河黄土高原风情的东方狂欢节》，《吕梁学院学报》，2010 年第 1 期。

25. 董毅芳：《山西民间剪纸艺术发展现状分析》，《美术大观》，2011 年第 5 期。

26. 王瑜：《山西省碗碗腔剧种探析》，《戏剧之家》，2021 年第 4 期。

27. 胡渝峰：《山西文水岳村鈲子探析》，《大舞台（双月号）》，2009 年第 5 期。

28. 陈红帅：《山西孝义皮影戏探微》，《艺术评论》，2016 年第 1 期。

29. 袁勋：《山西中阳喜花剪纸中蟾蜍符号的谐音象征特性》，《装饰》，2016 年第 4 期。

30. 曹志芳：《试论临县道情的剧目及表演艺术》，《吕梁学院学报》，2021 年第 5 期。

31. 赵新平：《试论山西柳林盘子文化的传承、变异及影响》，《社会科学战线》，2009 年第 2 期。

32. 侯丽俊：《文水钑子调查研究》，《吕梁学院学报》，2018 年第 6 期。

33. 白占全：《文水县接麻衣仙姑祈雨调查》，《吕梁学院学报》，2008 年第 1 期。

34. 郑佳奇：《孝义皮影制作工艺、造型及创新发展》，《寻根》，2023 年第 3 期。

35. 李晓娟：《孝义碗碗腔管见》，《戏曲艺术》，2009 年第 4 期。

36. 吕金光：《新时期传承孝义皮影艺术的对策分析》，《设计》，2016 年第 9 期。

37. 卫才华：《新时期山西孝义木偶戏传承及其碗碗腔元素》，《中北大学学报（社会科学版）》，2020 年第 2 期。

38. 刘霄：《一滴水中观沧海——孝义皮影传承人李世伟口述专访》，《戏剧之家》，2017 年第 18 期。

39. 孔路路：《远亲不如近邻——柳林盘子会集聚现象探析》，《郑州师范教育》，2016 年第 2 期。

三、学位论文

1. 车环宇：《"柳林盘子会"的保护与利用研究》，硕士学位论文，山西大学，2018 年。

2. 吉思敬：《传播学视角下的山西柳林"盘子会"》，硕士学位论文，西北大学，2017 年。

3. 任福：《传统节日文化的自我更新与社会调适——以山西柳林"盘子会"为例》，硕士学位论文，温州大学，2014 年。

4. 牟徐鸣：《非遗文化视角下科普绘本设计研究——以〈风吹杏花酒万家〉创

作实践为例》，硕士学位论文，兰州理工大学，2023 年。

5. 王建梅：《高校民俗教育实践的个案研究——以山西师范大学为中心的探讨》，硕士学位论文，山西师范大学，2016 年。

6. 杨志敏：《黄河流域道情戏研究》，博士学位论文，福建师范大学，2017 年。

7. 孟浩：《交城传统毛皮制作技艺的流变研究》，硕士学位论文，西南民族大学，2020 年。

8. 李沛妮：《抗战时期吕梁地区的剪纸和年画研究》，硕士学位论文，山西师范大学，2018 年。

9. 李梦：《临县道情的历史渊源及艺术特点研究》，硕士学位论文，山西大学，2021 年。

10. 高淑丽：《临县道情调查与研究》，硕士学位论文，山西师范大学，2016 年。

11. 穆玥：《临县道情剧团的现状及前景研究》，硕士学位论文，新疆艺术学院，2019 年。

12. 王艳艳：《临县婚丧礼俗及用乐探究》，硕士学位论文，山西师范大学，2019 年。

13. 李璐璐：《柳林"盘子"艺术的传承与创新》，硕士学位论文，辽宁师范大学，2023 年。

14. 温吉：《柳林盘子会民俗传播的媒介空间建构与反思》，硕士学位论文，南宁师范大学，2023 年。

15. 刘倩：《柳林盘子会文化品牌传播策略研究》，硕士学位论文，山西财经大学，2018 年。

16. 刘月明：《吕梁民间美术融入中学美术教学初探校本课程的开发应用》，硕士学位论文，辽宁师范大学，2023 年。

17. 裴琳杰：《吕梁市民间艺术团传承与发展研究》，硕士学位论文，西北师范大学，2015 年。

18. 严红青：《民国以来的孝义影戏艺人调查研究》，硕士学位论文，山西大学，2011 年。

19. 韩柠灿：《曲牌体道情戏声腔研究》，硕士学位论文，中国音乐学院，

2020 年。

20. 杨利利：《山西道情戏研究》，硕士学位论文，山西大学，2013 年。

21. 范玉婵：《山西侯马碗碗腔名家刘秀珍之〈昭君出塞〉艺术研析》，硕士学位论文，天津音乐学院，2017 年。

22. 刘三梅：《山西临县大唢呐传承人调查研究》，硕士学位论文，山西师范大学，2017 年。

23. 贾雪梅：《山西柳林"盘子会"文化阐释》，硕士学位论文，辽宁大学，2011 年。

24. 高栩平：《山西柳林盘子会民俗文化调查研究》，硕士学位论文，山西师范大学，2012 年。

25. 任文娟：《山西柳林盘子会研究》，硕士学位论文，青海师范大学，2019 年。

26. 褚智慧：《山西省文水县"文水鈲子"的民俗主体与民俗传承调查研究》，硕士学位论文，西北民族大学，2011 年。

27. 靳梓瑜：《山西省中阳县剪纸传承人创作影响因素研究》，硕士学位论文，山西师范大学，2016 年。

28. 刘超英：《山西孝义木偶的造型艺术研究》，硕士学位论文，太原理工大学，2016 年。

29. 张艳红：《山西孝义木偶戏的民俗文化探析》，硕士学位论文，辽宁大学，2011 年。

30. 王丹凤：《山西孝义皮影元素在现代服装设计中的应用研究》，硕士学位论文，长春工业大学，2020 年。

31. 姚亭秀：《山西孝义碗碗腔曲牌音乐研究》，硕士学位论文，山西师范大学，2015 年。

32. 刘彩清：《山西中阳民间剪纸的传承与保护——以庞家会村为个案》，硕士学位论文，西北民族大学，2009 年。

33. 刘竹青：《山西中阳民间剪纸艺术的二维动画表现形式初探》，硕士学位论文，山西大学，2016 年。

34. 张洁琦：《山西中阳民间剪纸艺术展示馆设计研究》，硕士学位论文，兰州大学，2019 年。

35. 刘琳琳：《宋代傀儡戏研究》，博士学位论文，首都师范大学，2007 年。

36. 张泓：《碗碗腔研究》，硕士学位论文，上海戏剧学院，2008 年。

37. 田敏：《碗碗腔与乡村民众生活研究》，硕士学位论文，山西师范大学，2012 年。

38. 智丹霞：《文化生态视角下的民间艺术再生产——以山西晋中后沟村剪纸艺术为中心的研究》，硕士学位论文，东南大学，2020 年。

39. 徐楠：《系列微纪录片〈中阳剪纸〉创作报告》，硕士学位论文，青海师范大学，2022 年。

40. 曹其其：《孝义皮影的图案艺术研究》，硕士学位论文，太原理工大学，2015 年。

41. 窦鑫鑫：《孝义碗碗腔新编古装戏〈赵五娘吃糠〉唱段探析与演唱研究》，硕士学位论文，广州大学，2019 年。

42. 周颖：《形式与内容——初探中阳民间剪纸》，硕士学位论文，山西大学，2007 年。

43. 景俊美：《中国传统节日在当代的精神价值》，博士学位论文，中国艺术研究院，2013 年。

44. 武晓琪：《中阳剪纸非遗保护中有形与无形关系之考察》，硕士学位论文，江西师范大学，2022 年。

45. 卢梦姣：《中阳剪纸生存发展问题研究》，硕士学位论文，中国艺术研究院，2018 年。

46. 侯莉：《中国古代木偶戏史考述》，硕士学位论文，中国艺术研究院，2005 年。

四、报纸文章

1. 谌强：《"古韵新彩"剪纸精品讴歌改革开放》，《光明日报》，2008 年11 月 23 日。

2. 刘少伟：《璀璨文化之光照亮奋斗之路》，《吕梁日报》，2024 年 3 月 21 日。

3. 李晓芳：《第九届中国艺术节我省收获丰硕》，《山西日报》，2010 年 5 月 26 日。

4. 陈伟：《尴尬的孝义皮影》，《山西经济日报》，2002 年 11 月 17 日。

5. 梁晓飞、王劲玉：《何称"孝义"》，《新华每日电讯》，2021 年 12 月 24 日。

6. 高茜、韩笑：《柳林：非遗让年味更足》，《吕梁日报》，2024 年 2 月 28 日。

7. 韩笑：《千裁万剪绽芬芳》，《吕梁日报》，2023 年 2 月 23 日。

8. 栗美霞：《人偶情未了》，《山西经济日报》，2022 年 8 月 1 日。

9. 张舒、甄学宝：《山西省中阳县被授予"中国剪纸传承保护基地"称号》，《中华新闻报》，2008 年 11 月 26 日。

10. 冯铁飞：《山西孝义皮影：在困境中突围》，《中国消费者报》，2009 年 11 月 30 日。

11. 任永亮：《首届中阳剪纸艺术节开幕》，《山西日报》，2007 年 9 月 29 日。

12. 刘三平、闫亮平：《碗碗腔音乐电视电影〈酸枣坡〉在孝义开拍》，《山西经济日报》，2006 年 10 月 09 日。

13. 任锴、武姝君：《孝义木偶戏——穿越历史重现华彩的艺术瑰宝》，《吕梁日报》，2010 年 3 月 24 日。

14. 任永亮、杨元忠：《孝义皮影木偶影视基地眉目初显》，《山西日报》，2007 年 2 月 12 日。

15. 曹永亮：《一剪剪出个大名人》，《吕梁日报》，2010 年 9 月 15 日。

16. 陈丽红：《一口道出千古事　双手舞好非遗戏》，《山西日报》，2023 年 7 月 7 日。

17. 高建民、罗杨、朱锦平、成星明、李志安：《展示优秀农耕文明 弘扬中阳剪纸品牌》，《中国艺术报》，2008 年 11 月 28 日。

18. 李晓芳：《中国剪纸传承保护基地授予中阳》，《山西日报》，2008 年 11 月 23 日。

五、电子文献

1. 中国联合国教科文组织全国委员会秘书处：《保护非物质遗产公约》，2003 年 10 月 17 日，中华人民共和国教育部网。http://www.moe.gov.cn/srcsite/A23/jkwzz_other/200310/t20031017_81309.html

2.《中华人民共和国非物质文化遗产法》（中华人民共和国主席令第四十二号），中国人大网，2011 年 2 月 25 日 https://www.ihchina.cn/zhengce_details/11569

3.《国家级文化生态保护区管理办法》，中华人民共和国文化和旅游部 网，2018 年 12 月 10 日。https://zwgk.mct.gov.cn/zfxxgkml/zcfg/bmgz/202012/t20201204_905345.html

4.《中华人民共和国预算法（2018 修正）》，党和国家政策法规库，2018 年 12 月 29 日。https://zcfg.cs.com.cn/chl/328278.html?libraryCurrent=law

5.《中华人民共和国文物保护法》（2017 年修正本），国家文物局，2017 年 11 月 28 日。http://www.ncha.gov.cn/art/2017/11/28/art_2301_42898.html

6.《国务院关于加强文化遗产保护工作的通知》（国发〔2005〕42 号），中国政府网，2006 年 5 月 18 日。https://www.ihchina.cn/zhengce_details/11570

7. 中华人民共和国财政部、文物局：《关于印发〈国家文物保护专项资金管理办法〉的通知》，中华人民共和国中央人民政府网，2023 年 12 月 30 日，https://www.gov.cn/zhengce/zhengceku/202402/content_6930151.htm

8.《国务院办公厅关于加强我国非物质文化遗产保护工作的意见》（国办发〔2005〕18 号），中国政府网，2006 年 4 月 28 日。https://www.ihchina.cn/zhengce_details/11571

9.《国务院办公厅关于转发文化部等部门中国传统工艺振兴计划的通知（2017）》，中国政府网，2018 年 11 月 23 日。https://www.ihchina.cn/file_detail/7197.html

10.《中共中央、国务院关于实施乡村振兴战略的意见》，中华人民共和国中央人民政府网，2018 年 2 月 4 日。https://www.gov.cn/zhengce/202203/content_3635295.htm

11.《乡村振兴战略规划（2018—2022 年）》，中华人民共和国中央人民政府网，2018 年 9 月 26 日。https://www.gov.cn/zhengce/2018-09/26/content_5325534.htm

12. 文化和旅游部出台《国家级非物质文化遗产代表性传承人认定与管理办法》，中华人民共和国中央人民政府网，2019 年 11 月 29 日。https://www.gov.cn/zhengce/zhengceku/2019-12/25/content_5463959.htm

13. 中共中央办公厅　国务院办公厅印发《关于进一步加强非物质文化遗产保护工作的意见》，中华人民共和国中央人民政府网，2021 年 8 月 12 日。https://www.gov.cn/zhengce/2021-08/12/content_5630974.htm

14.《文化和旅游部办公厅　国务院扶贫办综合司关于支持设立非遗扶贫就业工坊的通知（2018）》，文化和旅游部网，2018 年 12 月 13 日。https://www.ihchina.cn/file_detail/18055.html

15.《文化和旅游部办公厅关于大力振兴贫困地区传统工艺助力精准扶贫的通知（2018）》，文化和旅游部网，2018 年 12 月 13 日。https://www.ihchina.cn/file_detail/9189.html

16. 中共中央办公厅　国务院办公厅印发《关于进一步加强非物质文化遗产保护工作的意见》（2021），中国政府网，2021 年 8 月 13 日。https://www.ihchina.cn/zhengce_details/23400

17.《国务院办公厅关于同意调整完善非物质文化遗产保护工作部际联席会议制度的函（国办函〔2022〕13 号）》，中国政府网，2022 年 2 月 17 日。https://www.ihchina.cn/zhengce_details/24623

18. 中共中央办公厅　国务院办公厅印发《关于进一步加强非物质文化遗产保护工作的意见》，中华人民共和国中央人民政府网，2021 年 8 月 12 日。https://www.gov.cn/zhengce/2021-08/12/content_5630974.htm

19.《文化和旅游部关于推动非物质文化遗产与旅游深度融合发展的通知文旅非遗发〔2023〕21 号》，文化和旅游部网，2023 年 2 月 17 日。https://www.gov.cn/zhengce/zhengceku/2023-02/22/content_5742727.htm

20. 文化和旅游部关于印发《"十四五"非物质文化遗产保护规划》

的通知，文化和旅游部网，2021 年 5 月 25 日。https://www.gov.cn/zhengce/zhengceku/2021-06/09/content_5616511.htm

21. 文化和旅游部等十部门印发《关于推动传统工艺高质量传承发展的通知》，中华人民共和国中央人民政府网，2022 年 6 月 28 日。https://www.gov.cn/xinwen/2022-06/28/content_5698282.htm

22.《中共中央　国务院关于做好 2022 年全面推进乡村振兴重点工作的意见》https://www.gov.cn/zhengce/202202/22/content_5675035.htm?eqid=ce1b658800002be0000000066472c5b0

23.《文化和旅游部　教育部　科技部　工业和信息化部　国家民委　财政部　人力资源社会保障部　商务部　国家知识产权局　国家乡村振兴局关于推动传统工艺高质量传承发展的通知文旅非遗发〔2022〕72 号》，中华人民共和国中央人民政府网，2022 年 6 月 23 日。https://www.gov.cn/zhengce/zhengceku/202206/28/content_5698287.htm

24.《山西省非物质文化遗产条例（2012）》，中国人大网，2014 年 7 月 15 日。https://www.ihchina.cn/art/detail/id/11626.html

25. 山西省财政厅　山西省文物局关于印发《省级文物保护专项资金管理办法》的通知，山西省行政规范性文件库，2020 年 4 月 26 日。https://www.shanxi.gov.cn/zfxxgk/zfxxgkzl/zc/xzgfxwj/bmgfxwj1/szfzcbm_76475/sczt_76483/202211/t20221118_7452682.shtml

26.《省级非物质文化遗产代表性传承人认定与管理办法》，山西省文化和旅游厅，2022 年 9 月 29 日。https://www.shanxi.gov.cn/zfxxgk/zfcbw/zfgb2/2022nzfgb_76593/d9q_76602/szfbmgfxwj_77869/202209/t20220929_7198055.shtml

27.《山西省财政厅　山西省文物局关于印发〈省级文物保护专项资金管理办法〉的通知》，山西省行政规范性文件库，2020 年 4 月 26 日。https://www.shanxi.gov.cn/zfxxgk/zfxxgkzl/zc/xzgfxwj/bmgfxwj1/szfzcbm_76475/sczt_76483/202211/t20221118_7452682.shtml

28.《2019 年山西省旅游业发展大数据报告》，山西省文化和旅游厅，2020 年

4 月 2 日。https://wlt.shanxi.gov.cn/xwzx/wlyw/202110/t20211021_2783594.shtml

29.《山西：以创建文化生态保护区带动非遗区域性整体保护》，《中国文化报》，2021 年 8 月 23 日。https://www.mct.gov.cn/whzx/qgwhxxlb/sx/202108/t20210823_927292.htm

30.《山西省振兴工艺美术行业工作方案》，山西省人民政府办公厅，2020 年 3 月 20 日。https://www.shanxi.gov.cn/zfxxgk/zfxxgkzl/fdzdgknr/lzyj/szfbgtwj/202205/t20220513_5978468.shtml

31.《山西省濒危戏曲剧种抢救工程工作方案》，山西省文化和旅游厅，2021 年 6 月 2 日。https://h5.drcnet.com.cn/docview.aspx?version=culture&docid=6185855&chnid=5271

32.《山西省"十三五"文化强省规划》，山西省人民政府，2016 年 11 月 23 日。https://www.shanxi.gov.cn/zfxxgk/zfxxgkzl/fdzdgknr/lzyj/szfwj/202205/t20220513_5976150.shtml

33.《山西省人民政府办公厅关于加强我省非物质文化遗产保护工作的实施意见晋政办发〔2005〕77 号》，山西省人民政府，2005 年 10 月 26 日。https://www.shanxi.gov.cn/zfxxgk/zfxxgkzl/fdzdgknr/lzyj/szfbgtwj/202205/t20220513_5976920.shtml

34.《山西省文化厅工作规则》，山西省文化和旅游厅，2013 年 3 月 12 日。https://wlt.shanxi.gov.cn/zwgk/fzjs/zcfg/202109/t20210909_2272405.shtml

35.《山西非遗蓝皮书：山西非物质文化遗产保护发展报告（2022—2023）》，吕梁市离石区人民政府网，2023 年 9 月 20 日。http://www.lishi.gov.cn/zxxw/sxyw/yw/202309/t20230920_1794610.shtml

36. 山西省文化和旅游厅关于印发《省级非物质文化遗产代表性传承人认定与管理办法》的通知，山西省人民政府网，2019 年 9 月 29 日。https://www.shanxi.gov.cn/zfxxgk/zfcbw/zfgb2/2022nzfgb_76593/d9q_76602/szfbmgfxwj_77869/202209/t20220929_7198055.shtml

37.《山西省黄河流域非物质文化遗产保护传承弘扬专项规划（2021—2035 年）》，山西省文化和旅游厅，2021 年 12 月 28 日。https://wlt.shanxi.gov.cn/xwzx/tzgg/202112/

t20211228_4273604.shtml

38.山西省人大常委会调研组赴太原开展汾河流域生态环境保护立法调研，山西省生态环境厅，2021 年 12 月 25 日。http://www.lvliang.gov.cn/llxxgk/zfxxgk/xxgkml/gbmwj/hbj/fdzdgknr_55371/gzdt_55379/202112/t20211215_1600773.html

39.山西省文化和旅游厅关于印发《省级非物质文化遗产代表性传承人认定与管理办法》的通知，山西省行政规范性文件库，2022 年 6 月 15 日。https://www.shanxi.gov.cn/zfxxgk/zfxxgkzl/zc/xzgfxwj/bmgfxwj1/szfzcbm_76475/swhhlyt_76492/202209/t20220902_7049525.shtml

40.《山西省人民政府办公厅关于加强我省非物质文化遗产保护工作的实施意见晋政办发〔2005〕77 号》，山西省人民政府，2005 年 5 月 26 日。https://www.shanxi.gov.cn/zfxxgk/zfxxgkzl/fdzdgknr/lzyj/szfbgtwj/202205/t20220513_5976920.shtml

41.《晋城市人民政府办公厅关于加强非物质文化遗产保护工作的实施意见》，晋城市人民政府，2005 年 8 月 15 日。https://xxgk.jcgov.gov.cn/jcsrmzf/zc/jszb/202101/t20210121_1343196.shtml

42.《山西省黄河流域非物质文化遗产保护传承弘扬专项规划（2021—2035 年）》，山西省文化和旅游厅，2021 年 12 月 28 日。https://wlt.shanxi.gov.cn/xwzx/tzgg/202112/t20211228_4273604.shtml

43.《关于对晋中文化生态保护实验区（吕梁片区）建设成果进行验收的请示》，山西省文化和旅游厅，2021 年 12 月 28 日。http://www.lvliang.gov.cn/llxxgk/zfxxgk/xxgkml/hflwj/lzbh/202112/t20211203_1592307.html

44.《吕梁：守护文化根脉　构筑生态家园——国家级晋中文化生态保护实验区（吕梁片区）建设工作成效显著》，吕梁市人民政府，2023 年 12 月 22 日。http://www.lvliang.gov.cn/llxxgk/zfxxgk/xxgkml/gbmwj/swhlyj/fdzdgknr_55454/gggs_55463/202312/t20231212_1820658.html

45.《吕梁市非物质文化遗产保护条例》，吕梁市文化和旅游局，2021 年 10 月 21 日。http://www.lvliang.gov.cn/llxxgk/zfxxgk/xxgkml/gbmwj/swhlyj/fdzdgknr_55454/ggwhfwly_55465/ggfw_55467/fwzwhyczs_55476/202110/t20211021_1571744.html

46.《吕梁市非物质文化遗产博览会暨晋中文化生态保护实验区（吕梁片区）成果展在汾阳举行》，《吕梁日报》，2023 年 8 月 14 日。http://app.lvliang.gov.cn/szdt/gzdt/202308/t20230814_1784259.html

47.《吕梁市文化和旅游局 2020 年政府信息公开工作年度报告》，吕梁市文化和旅游局，2021 年 1 月 29 日。http://www.lvliang.gov.cn/llxxgk/zfxxgk/xxgkml/ndbg/2020zfxxgknb/202101/t20210129_1471690.html

48.《吕梁市非物质文化遗产保护发展协会成立》，文章来源：《吕梁日报》，2021 年 9 月 15 日。http://www.xiaoyi.gov.cn/xwzx/llsyw/dt_43834/202109/t20210915_1557600.shtml

49.《吕梁市文化和旅游局 2021 年工作计划》，吕梁市文化和旅游局，2021 年 4 月 25 日。http://www.lvliang.gov.cn/llxxgk/zfxxgk/xxgkml/gbmwj/swhlyj/fdzdgknr_55454/ghjh_55459/202109/t20210901_1543119.html

后　记

本书为吕梁市文化和旅游局基金项目"吕梁市国家级非遗代表性传承人访谈录"（课题编号：LLXYHX202411-53）的最终研究成果。鉴于课题本身所具备的时效性，伴随着国家及山西省保护非遗政策的持续更新，本著作在结项之后亦同步进行了数据刷新与内容完善，以维护研究的现实意义。

独自驱车前往木问村的路途，山路崎岖，曲折难行。放眼看去尽是坚硬的石块和杂乱的植被，山壁险峻，犹如刀削斧劈，光是站在山脚，便足以让人心生畏惧。我只能凭借着并不娴熟的车技，硬着头皮向上攀爬。然而，缓慢行进片刻之后，迎面而来的弯道让我进退两难。四周空无一人的境况下，在踌躇许久之后，我知道，唯有前行，别无他途。

这一路走来，难的不仅是蜿蜒难行的山路、猝不及防的瓢泼大雨、在日常工作与生活的间隙中挤出的时间，更有难懂的方言，即使用心记录，在后续的整理工作中，还需一次次地进行沟通与确认；而数据整理与研究对我这个电脑操作尚欠火候的人来说，也无疑是一次新的挑战，所幸，我有学生与同事的倾力支持，还有一颗对非物质文化遗产保护的赤忱的心。

虽然世事如苍狗，生命终凋零，但在无常与逝去中追寻文明的永恒与生命的璀璨，却始终保留在我们的文化记忆里，于那些非遗传承人，于你，于我，它们永远伫立在那里，泱泱华夏，浮沉千年，等待着我们的每一次聆听。

值此《中华人民共和国非物质文化遗产法》颁布十三周年之际，中国及山西省的保护工作正处于蓬勃发展阶段。山西省吕梁市非物质文化遗产资源丰富、品质卓越、特色鲜明，不仅展现了中华文明"多元一体"的深邃内涵，还彰显了文化多样性的生态学价值与中华文明的先进性，研究价值与现实意义兼备。此刻，此书的完稿，亦是对山西省吕梁市非物质文化遗产保护事业的一份贡献。

本书耗时两年得以完成，期间承蒙多方力量的支持与帮助，深感荣幸，特此致谢！

吕梁学院领导、同仁及学生们积极参与相关调研与资料搜集，吕梁市文化和旅游局领导始终关注着课题的进展，吕梁市文化和旅游局公共服务科科长胡旭梅、吕梁市柳林县文化和旅游局副局长赵贵平提供了大量原始资料，柳林县第一中学教师魏爱婷协助我搜集了相关中学生问卷。

清华大学新闻与传播学院教授李彬的深刻见解开阔了我的视野，山西省大同大学档案馆馆长于立强在忙碌之中亦给予了我无私的学术指导与友情支持，吕梁学院中文系常志刚博士为我指点迷津。吕梁学院中文系 2022 级本科生王星宇、张紫萱，东北林业大学经济管理学院 2023 级本科生白雅文等同学积极协助数据查询及实地调查，为我的学术旅程注入了信心与动力。

最后特别感谢山西人民出版社及本书的责任编辑刘小玲，刘小玲编辑以其严谨的工作态度，为本书的成稿提供了专业指导，提出了众多建设性意见，并进行了细致的编辑与校对工作，体现了其追求卓越的职业精神。

非遗生态保护研究一直是国家文化部门关注的重点，亦是学界肩负的重要责任。目前，吕梁非遗生态保护实践尚在积极探索之中，我们的研究工作仍显不足，本书难免存在疏漏与不足之处，但我抱着抛砖引玉的心态，冒昧成书，敬请方家不吝指正赐教。

刘玉秀

2024 年 10 月 5 日于吕梁